小学校は公立小！帰国子女じゃないけど

双子小学生 英検®1級 とれちゃいました

トワエモア

著

日本能率協会マネジメントセンター

はじめに
―― 私たちについて ――

📖 家庭環境

　私たちは、父と母、私たち二人のごく普通のサラリーマンの家庭に生まれた。両親ともに日本生まれの日本育ちで、留学の経験もなく、父は海外赴任などの話はない職種の会社員だ。そのため、私たちは生まれてからずっと日本に住んでいる。周りの身近な親族に英語が堪能な人がいるわけでもない。

　そんな中、単純に英語に興味があるという、自称英検2級レベルの（中学時代の英検3級から英検は全く受けていないらしい）母のもと、私たちは生後およそ11か月で「おうち英語」（家庭内で英語を身につける方法のこと。その方法は家庭によって様々だが、英語の語りかけや絵本の読み聞かせ、音楽や動画の視聴、英語の教材やワークシート、アプリを使って学ぶなどがある）を始めることになった。

　私たちの家庭の英語環境は決して完璧だったとは思わない。両親二人が英語で話していたわけでもなかったし、生まれてから日本にずっと住んでいるため、日本語が聞こえてくるほうが当たり前だった。祖父母の家に行くと毎回「日本語で話すように」とすら言われていた。

　それでも母は英語を使うことをやめず、私たちにとって英語を耳にするのは当たり前の日常だった。それくらい家での取り組みや、英語を聞いたり使ったりする環境があることが、英語力を伸ばすうえで大切だと今は感じている。

📖 なぜこの本を書こうと思ったのか？

幼い頃からずっと英語を話していた私たちは、周りの人からよく「どうしてそんなに英語が話せるの？」と聞かれてきた。電車やバスの中で突然、外国の人に質問されることすらあるほどだった。今でもクラスメイトなどに「帰国生？　インターに通っていた？」と聞かれ、「いや、実は……」と説明するたびに驚かれる。

同級生だけでなく、友達のお母さんや、よく知らない人にまで「珍しいね！」とか、「そんな方法でここまで英語力が伸びるの？」と言われ続けてきた。私たちが英語を身につけた方法は、他の人たちにとっては気になることだと思い、機会があればこの経験を本にしてみたいとずっと考えていた。

私たち自身は本当にごく普通の子どもだし、親は英語力のある人でもない。だが本の内容を読むとわかるとおり、母が始めたおうち英語がきっかけとなって、色々な経験を経て私たちはそれぞれ小学5、6年生で英検1級に合格し、中学2年では海外大学受験時に必要な英語のテストであるTOEFL iBTで、それぞれ109、107（満点は120）というスコアをとるまでに私たちの英語力は成長した。

子どもの英語力を上げる方法や、おうち英語に関しての本など親が書いた本は出ているようだが、実際の子どもの経験談や、意見・感想が述べられているような、当事者が書いた本はほとんど見当たらない。

だからこそ私たちの目線で、私たちがどんなことをしていたのか、私たちがどんな思いだったのかを紹介することによって、

子どもに英語を楽しく学ばせてあげたいと思っているお父さんお母さんの役に立てたらいいな、と考えて書きました。

　インターナショナルスクール生や帰国生でない私たちの体験が、誰かの役に少しでも立てたらうれしいです。

2023 年 12 月

トワエモア

モア　現在高校1年生の妹のモアです。性格を2つの言葉で表すなら「頑固」と「情熱的」。

赤ちゃんの頃からこだわりが強いと言われていて、自分の思う通りにならないのは嫌だと思うタイプの子だった（今でもそういうところがある）。好きなことは誰にも負けたくない、得意になりたいと思うところがあり、それが英語の上達につながったと思う。

姉と比べてコミュニケーション力は低いかもしれないが、英語力（特に好きなライティング）には自信を持っている。これは小さい頃からで、英語のレポートでは必ず「モアさんは自信に満ち溢れている子です」と評価されるほどだった。

トワ　1分だけ早く生まれた姉のトワです。性格は小さい頃からマイペースだと言われ続け、幼稚園から小学校までずっとレポートには「マイペースすぎて周りについていけていない様子だ」などと書かれ続けていた。モアと違って、情熱的であったり、個性的な部分は少ない（と自覚している）ため、読書量や英語で文章を書くセンスではモアにいつも負けている。だがその代わり、国語力には多少の自信があるため、この本の内容も大半は私が2人を代表して書いている。

見た目で言うと、小学4年生くらいまでは周囲からも見分けがつかないほどモアと似ていると言われていたが、小学校高学年になると、性格も顔も大きく変わり、その頃から私たちはいわゆる「一卵性双生児」というイメージにそぐわない双子になっていた。それまではいつも2人一緒の服装で同じような雰囲気だったため、当時の私には少し寂しかった。

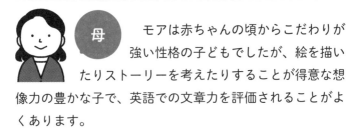

　モアは赤ちゃんの頃からこだわりが強い性格の子どもでしたが、絵を描いたりストーリーを考えたりすることが得意な想像力の豊かな子で、英語での文章力を評価されることがよくあります。

　しかしこだわりが強い分、興味のあることへの集中力はありますが、自分の納得するものでないと受け入れないという部分があるため、それ以外はうまくこなせない一面も持ち合わせています。文章力に関しても、内容の良さでカバーしているようですが文法の正確さなどは、トワのほうが上を行くようです。

　幼少期のトワは行動がなんでも遅かったために、親としてはどちらかというと、彼女の心配をよくしていました。しかし幼い頃より穏やかな性格で、周りの人のこともよく考えているところがありました。現在では英語と日本語のバランスがとれているのはトワのほうだと言えるので、やはり性格的な部分は言語を学ぶうえで大きく関係してくる

のではないかと思っています。

父　娘たちは、双胎間輸血症候群という病態により、妻のお腹の中にいるときからバランスよく生育することが難しい状況におかれていました。

生後も合併症や疾患に怯えながら、双子の壮絶な子育てを行う日々における妻の奮闘には頭が上がりませんでしたので、おうち英語を取り入れた子育てについても、妻が少しでも楽しんで子育てをする一助になるのなら、といった程度の認識でスタートしました。

病気がちだった娘達が、物おじせずに広い世界に飛び込むためのアドバンテージとして英語を身に付けてくれればいいな、という思いが加わり、楽しく取り組めているのならば、基本的に私はノーとは言わないスタンスに……。

しかし時には海外に母子3人で出かけていき、その間私はいつも通り仕事をしていたので正直寂しい思いはありましたが、現地から送られてくる絵ハガキやメールや写真、帰国後に娘たちから聞かされる楽しそうな報告を励みにしていました。

娘たちの英語力は、妻のリサーチを始めとする努力および熱意が生み出した賜物です。成長するにつれて、自分達の意志で新たな挑戦するようになってきた娘たちを見て、トコトン応援するのが親の務めだと腹を括りました。

母 　学生のときから英語という言語に対し、母は強い想いや憧れを持っていたらしく、特に話せなくても若い頃はよく一人で海外旅行に行っていたそうだ。今でも母に「英語がしゃべれるあなたたちが羨ましい」とよく言われるほどだ。その想いこそが、私たちのためにおうち英語を始めるきっかけとなったのだろう。

　そんな母は、以前は保育士として働いていた。子どもとの接し方や子どもの行動パターン、年齢ごとに何を取り入れたら良いのかを知っていたから取り組みやすかったのかな、と勝手に想像している。

　先を見据えておうち英語の先まで考えていたらしく、私たちが5、6歳のときに放送された海外の高校や大学について特集していたテレビ番組を録画して保存していた（それを約10年経って私たちは見ることになるが、実際にすごく役立つ情報がたくさんあった）。母の話を友達にすると、「トワとモアのお母さんってすごく視野が広いよね」と感心されることがある。実際、色々な意味で周りの人とは違う考え方や価値観を持っているように思う。

　また、私たちが幼かったときの話や、当時の周りの人の反応、日本で母国語ではない言語を子どもに身につけさせる苦労などについてはよく母から聞いていた。英語での子育てについて何も知らなかった母が、当時の限られた情報を自ら調べて行動する大変さもあっただろう。

父　　私たちが小さい頃から父は日本語でしかしゃべっていなかった。そもそも学生の頃から英語が苦手だったらしく、絵本の読み聞かせなども日本語でしかしてもらっていない。そのためおうち英語に参加することはなかったけれど、母にはやりたいようにさせてあげていたらしい（だけど母が私たちを連れて3人でハワイのプリスクールへ行くために渡航したときは、さすがにかなり怒っていたそうだ。しかし母のこのような行動に対しても、父は少しずつ理解していったとのこと）。

父は基本的に「日本が一番好きだ」という考えのようで、自分から海外に積極的に行くタイプではない。こういう部分では海外へ行くのを楽しむ母とは正反対だ。そのため家で父はバランスを保つための「日本語担当」だったのだが、今では私たちが英語で話すのを側で長年聞いていたためか、父の英語のリスニング力が増しているのを日々感じる（英語で話している時に話に入ってきたり……）。そういうところでは、環境が大事だということを父も証明してくれていると思う。

双子小学生　英検1級とれちゃいました

もくじ

📖 外で英語を学ぶ

第 3 章　小学校時代

📖 小1── 1年生は大変!

第 4 章 いざ、英語での中学受験へ

📖 英語を生かした受験をしたい!

📖 いざ、受験へ!

第 **1** 章

おうち英語
スタート

英語の環境をつくる

　母がおうち英語を始めたのは、私たちが生後11か月の頃だ。この頃のことはまだ当然記憶にはなく、ビデオや写真を見たり、なんとなく聞いていたりはしたけれど、詳しく教えてもらったことはないので、私たちが実際この時期にどんなことをしていたか、母に教えてもらおうと思う。

 母からの解説

　活動範囲が広がるこの時期の双子を世話するのはとにかく大変でした。平日は夫にほとんど手伝ってもらえず、同じ市内に住む夫の母と私の母が交代で手伝いをしに来てくれていたおかげでなんとかやっていましたが、1歳になる直前まで布おむつを使っていたこともあり、日中はほとんどおむつの洗濯、食事作り、子どもの世話……。自分の時間などなく外出もできない生活をしていました。私の母がいる間に何日かぶりに一人でスーパーへ買い物に出たとき、すでに日が落ちて暗くなっているにもかかわらず、外の空気を感じたくて何度も深呼吸するほどでした。

　そんな中、子どもが寝たあとに時間があるときの楽しみといえば、ネットサーフィンをすることくらい。いつもの

ように必要な物のオンラインショッピングや、育児関連の情報を検索していた際、突如目に飛び込んできたのが「英語子育て」というワードでした。「『英語子育て』とはなんだろう？」とさらに検索をしていきました。まだこの当時は「おうち英語」という言葉はなく、「英語子育て」という呼び方が主流だったようです。

その記事の中に、「『英語子育て』とは【家の中で英語を取り入れて子育てをすること】」とあり、それを読み進めるうちに、出産前に電車の中で見た女の子二人組のことを思い出したのです。

その二人は中高生ぐらいの友達同士のようで、流ちょうな英語で会話をしていました。インターナショナルスクールが近くにあったこともあり、その様子を、

"どう見ても日本人だよな…。とっても英語が上手だけど、近くのインターの子かな？"
"あんな風に普通に英語で会話できるの、なんかかっこいいな"

などと思いながら、見ていたことを思い出しました。

"もしかして英語子育てをすると、うちの子もあの子たちみたいにいつか英語を話せるようになるのかな……？
中高生になっても英語を嫌いにならずにいられるのかな

……？　どうせ家にずっといるのだから、やってみようかな。面白そうだし……"

　これが「英語子育て（おうち英語）」について興味を持つきっかけでした。

　さらに、日々、子どもが寝てからの時間で英語子育てについて調べていく中で、我が家の隣駅で母親英語教室なるものが行われているのを知り、時間を作って参加してみることにしました。
　そこでは先生と生徒であるママさんが２人ほどいて、子どもに対する英語の語りかけのフレーズが載っているプリントを渡され、練習したり質問したりするようなレッスンが行われていました。高い英語力が求められるような印象ではなかったものの、当時の私のように、「これはどうしてこの単語を使うのですか？」「これはどういう意味ですか？」などと質問する人はおらず、"「英語子育て」は親側にある程度の英語レベルが必要のようだな。私にできるのかな……？"と不安に思いました。と同時に、他にも英語子育てを実践している人がいるのを知ったことで、妙な安心感のようなものを感じたことも覚えています。

　その後レッスンに２回ほど参加したものの、忙しさで時間がなかなか取れないことと、言葉かけのプリントを家に持ち帰って実践するというのであれば、レッスンに参加しなくても同じようにできるはず、という結論に至り、そ

こから自分なりに工夫した我が家流の「英語子育て＝おうち英語」が始まったのです。このとき、娘たちは1歳になる少し前でした。

常に英語で接した母

 母からの解説

📖 1歳になる前まで

家で英語の曲、いわゆる英語の童謡（「マザー・グース」の歌集「きらきら星」「Rain rain go away」など）をBGMとしてかけておいたり、その曲に合わせて一緒に歌ったり、ディズニーの動画やNHKの「えいごであそぼ」など子ども向けの英語教育番組を見たりしていました。

他には、「Yes・No」「Let's play」など簡単に取り入れられそうなフレーズがごく短く書かれているとても簡単な英語の絵本の読み聞かせもしました。

例えば、絵本『Let's Play』（Leo Lionni）なら、読んだあと一緒に遊ぶ際に、"Let's play!" と言ってボール遊びを始めたり、『Yummy Yucky』（Leslie Patricelli）（おいしい、まずい）の絵本なら食事のときに "Yummy!" と言ってみるなど、絵本で聞き覚えがある言葉を普段の生活に取り入れていました。

日本語でも童謡（「シャボン玉」「ぞうさん」「かたつむり」な

ど）や NHK の「おかあさんといっしょ」の曲（「どんな色が
すき」「たこやきなんぼマンボ」など）を歌ったり、手遊び（「あ
たまかたひざポン」「キャベツの中から」「おはなしゆびさん」など）
をしたりしましたし、日本語の絵本も同じように読み聞か
せをしていました（0、1歳では『いないいないばあ』（松谷みよ
子）『じゃあじゃあびりびり』（まついのりこ）、1、2歳では『ねな
いこだれだ』（せなけいこ）『はみがきあそび』（きむらゆういち）
など多数）。

　基本的にお母さんが家で自分の子どもに普段行っている
こと（歌を歌ったり、一緒に踊ったり、絵本の読み聞かせをしてあ
げるなど）のほんの一部分を英語に置き換えてみたり、教
材を英語に変えてみたりという感じで行っていました。

📖 1歳以降

　読んだ絵本の中の英語のフレーズや単語を取り入れた声
かけをそれまでよりも増やしていきましたが、私の英語力
ではすぐには言葉が出てきません。そのため、『ヘンリー
おじさんの英語で子育てができる本』『新装版　起きてか
ら寝るまで英語子育て表現 550』（以上、アルク）のような
定型文、会話文がたくさん載っている本を購入し、使えそ
うな言葉を丸暗記して、場面に応じて使っていました。

　長いセンテンスのものでなく、まずは簡単だけれどすぐ
に使えそうなものから覚えていきます。一日のうちのどこ
か（例えば、寝る前や食事の時間など）を英語で過ごす「英語

タイム」を設けるご家庭もあると聞いたことがありましたが、私はそのようにはせず、そのときの子どもの様子や自分の気分次第で無理せず行っていました。難しそうな言葉は、壁に貼っておいて、それを見て言うだけです。

　例えば、朝の挨拶（Good morning!）から始まり、「おむつ替えようね！」(Let's change your diaper!)、「まだ眠いの？」(Are you still sleepy?)、「おなかがすいた？」(Are you hungry?)など、簡単な声かけをしていました。「鼻水が出ているね」(Your nose is running)、「うんち（poo poo）・おしっこ（pee-pee）出た？」(Did you poo poo/pee-pee?)、「よだれが出てるよ」(You are drooling.) など、学校で英語を勉強しただけでは学ばない言葉も多く、このような本を読むことで、そういった単語があることを知りました。

　そういう言葉こそ普段の生活で使うことが多かったため、すぐに手の届く場所に英語子育てのフレーズ本と和英辞典を数冊置いて、すぐに調べるようにしていました。当時はまだスマホが普及していませんでしたが、今ではスマホでなんでもすぐに調べられますし、SNS やブログ等で言葉かけのフレーズを教えてくれる方がたくさんいるので便利ですね。

　簡単な言い方に少しずつ慣れてきたら、状況に応じて自分でフレーズの単語を変えてアレンジするようにしていきました。時には英語で質問したうえで、こちらが代わりに答えたりもしていました。

例）クッキーをあげる場合

母：“Do you want to eat a cookie?”（クッキー（1枚）
　　食べたい？）と見せ

子：（食べたそう）うんとうなずく、または手を伸ばすなど

母：“Yes? You want to eat a cookie? OK!”（うん（は
　　い）？　クッキーが食べたいのね。わかった）
　　“A cookie, please!”（クッキー1枚ちょうだい）と子ど
　　もの代わりに言う

子：“(A cookie) Please!”とまねる（もちろんここは年齢に
　　よりまだ言えない）

母：（言えたら）“Wow! Good girl!”（わあ！　いい子ね）“OK,
　　here you are.”（いいわ、どうぞ）とクッキーを渡す

子：受け取って食べ始めようとする

母：“Say, thank you!”（ありがとうは？）とありがとうの
　　言葉を促す

子：“Thank you!”（ありがとう）

母：“Is the cookie yummy?”または“Yummy?”（おい
　　しい？）と聞いてみる

子：日頃『Yummy Yucky』の本を見ていて慣れているた
　　め“Yummy!”と答える

母：一緒に自分も食べて“This cookie is yummy!”

　この場合、クッキーを他の食べ物に変えることもできま
すし、単数・複数も変更でき、少しずつ言葉を増やしてい
くことが可能です。日頃お母さんが言うような内容を場面

ごとで英語に置き換えていき、語彙や場面を増やしていく
だけだったので、ハードルが高いとは感じませんでした。

そのおかげで、子どもたちは簡単な Yes・No、OK から
始まって、お気に入りの毛布は「ブラー（Blanket）」と言
うようになったり、Mommy、Up・Down、One more
time、といった言い方も覚え、使える言葉が増えていく
だけでなく、こちらの言葉かけを理解して行動することも
多くなっていきました。

部屋にはポスターやシールを好きなだけ貼ってもいいコー
ナーを壁に作り、そのポスターに描かれているものや、
一緒にシールを指さし、"It's an elephant. Toot toot!"
"This is a car.Vroom vroom!" など、見ていたものの名前
を教えていました。これらは日本語でも「あ、ぞうさんだ
ね、パオーン！」「これは車だ、ブーブーだね」といった
風に、子どもに話しかける内容なので、単語さえわかれば
すぐにできることでした（シールは誤飲の問題もあるので、使
う年齢は注意が必要です）。

外に遊びに行くときも同様に、日頃日本語で話しかける
部分を "It's a sunny day!"（いい天気だね！）"Look! Petals
are falling. It's beautiful!"（見て！　花びらが落ちてる。きれ
いだね）など、簡単な英語で話しかけていました。

また映画や DVD を見るときは、子どもだけで見せっぱ

なしにせず、横で一緒に見て、映像の場面を英語で説明していました（例えば、「ぞうさんが○○しているね」「あれは○○だね」など）。一緒に見ることにより、どこで反応しているか、どこに興味を持っているかがよくわかるため、今後取り入れる言葉や探す絵本の参考になったと思います。

また、寝る前には絵本を読む習慣をつけ、『Goodnight Moon』（Margaret Wise Brown）のようなクラシックな英語絵本の絵を一つひとつ指さしながら、物と言葉の意味がつながるように読み、子ども向けの英語の静かな曲を寝かしつけの音楽にするなど、これもそれまで日本語で行っていたことを、少しずつ英語に切り替えていくようにしていました。昼間起きている時間に英語の曲をかけるときは、日本語の曲でするのと同じように、子どもと一緒に張り切って歌ったり踊ったりしていました（これは保育士ならではでしょうか？）。

📖 2歳以降

このようなことを続けてきたおかげで、（私自身も、相変わらずの発音で難しい言葉は使わないにしても）英語を話すことに慣れてきていましたし、2歳頃になると、子どもたちはこちらの言っていることがわかるだけでなく、日本語・英語の両方を文にして話すようになっていました。これは、この時期の子どもが日本語で2語以上の文を話すようになるのとほぼ同じ成長のように感じます。

外遊びのために公園へ行っても、また病院の待合室にい

ても、どこでも同じように、子どもたちには英語の言葉かけを続けていました。地域の小学生の女の子達が娘たちに声をかけてくれることもありましたが、私が二人に英語で話したり、子どもも英語を使ったりしていたこともあり、「今何て言ったの？」と聞かれることもありました。どこに行っても誰がいても、恥ずかしくても英語で話しかけることは変えないという姿勢でいました。

　ちなみに私以外の家族はどうしていたかというと、夫も祖父母も英語を話さないので、常に日本語で過ごしていました。この頃の子どもたちはまだ、誰彼構わず日本語も英語も使っていたように思います。

　2歳を少し過ぎた頃、夫の友人である精神科の先生の自宅に家族で遊びに行ったときのことです。ここでもいつものように英語と日本語で話しかけ、子どもも同じように両方の言語で返していました。それを見ていたその友人から「バイリンガル教育をする場合、片方の親が2か国語を使うよりも、一人一言語で話したほうが効果的だ」というようなことを言われました。

　その方はバイリンガルで流暢な英語を話し、医師として海外で活躍されていたため、すっかりその言葉を鵜呑みにしてしまったのです。

　しかしすでに子どもたちも英語を話し始めていたので、もうやめるという考えも持てず、そのときは「じゃあ、私が英語をメインに話すしかないのか……それは大変だな……」と思ったことをいまだに覚えています。当時情報の

少なかった私には、このままだと子どもたちはどちらの言語も中途半端になってしまう、いわゆる「セミリンガル」になってしまうのではないかという不安が生まれたのです。

それからは、夫をはじめ身内には今まで通り日本語で過ごしてもらう一方、私はこれまで以上に英語で話すことを心がけるようになりました。定型文を使うのはもちろん、単語を入れ替えた文のアレンジも積極的に行い、一日の中で英語を使って話しかけたり答えたりする時間を増やしていきました。また、話しかける際には long（長い）、cute（かわいい）、big（大きい）、tiny（小さい）、sharp（はっきりした）などの形容詞や、put on（着る）、put away（片づける）、get on（乗る）、get in（入る）、turn on（[テレビなどを] つける）、throw away（捨てる）といったよく使う句動詞を取り入れることを意識しました。こうして生活のさまざまな場面で英語に触れさせたことで、子どもたちは日本語と同じようにどんどん英語を吸収していきました。

絵本も成長とともに語数の多いものを選ぶようにし、少し長い文章の本も読み聞かせていました（『Dora's Storytime Collection』『Watch Your Step, Mr.Rabbit』（Richard Scarry）『Have You Seen My Cat?』（Eric Carle）『The Berenstain Bears』シリーズ等）。例えばトイレトレーニングをしていた時期には、おまるやトイレのことが書かれている絵本（『Dora's Potty Book』『Big Girls Use the Potty!』など）を読み、また挨拶の言い方を覚えさせたいと思ったら、挨拶のフレーズが含まれる本（『Excuse Me!』（Karen Katz）など）を探して読み聞かせ

をするなど、**その時期に教えたいことを意識して読む本を選んでいました**。これはこの後もずっと意識していたことです。

　音楽や動画なども、それまで以上に英語の曲やお話を取り入れるようになりました。

「英語子育て」を貫くのは難しい……

 母からの解説

　ここまで書いてきたような取り組みをしている中で、やはり苦労することもありました。

　すでに書いたように、私の発音は褒められたものではなく、簡単な会話のやりとりができる（かも）レベルだったため、多くの単語も知りませんでしたし、もちろん文法もかなり間違えます。英語（海外、特にアメリカ）に以前から興味と関心があるというだけの状態でしたので、絵本の文中にある定型文を使い、アレンジすることでなんとかやってこられたのだと思います。

　自分の発音を気にされる親御さんもいると思いますが、私自身はこの時期、発音はそこまで気にしていませんでした。しかしネイティブの発音も聴かせたいと思ったのでそこは DVD や会話の CD、音楽など、ネイティブによる「正しい発音」を普段から意識して聞かせることで、母親の話

す日本語なまり（アクセント）の英語だけではないということを理解させました。

　英語の音楽や音声をずっとかけっぱなしにしているという話も最近は聞きますが、私はBGMのようにかけるだけではただの「音」として通り過ぎるのではと考えていたので、私が使っている単語やフレーズが入っているものを流したり、または逆に曲に入っている単語やフレーズと同じ言葉を声かけの際に使うことで、ただのBGMにならないように注意しました。それに、たとえ英語を間違えても、発音が下手でも、相手は我が子で乳幼児。特に家ではほかに誰も聞いていないので、堂々と話しかけていました。

　周りに自分より英語の得意な人がいなかったのも、遠慮したり、萎縮したりせずに済んだ理由かもしれません。めまぐるしい毎日でゆっくり勉強する時間も取れなかったため、前述したフレーズ集のような本をたくさん読んでアレンジすることが私には一番役立ちました。

　最近は、「おうち英語」という興味のある親御さんには浸透してきているワードも、はじめた当時私の周りにはそのようなことをしている人は母親英語教室でお会いしたお母さん以外に会ったことがなく、しかも育児でゆっくり外に出る時間もなかったため、情報集めは基本的にネットから。そのため共感してくれる人も相談に乗ってくれる人もおらず、孤独でした。

　しかし今ではXやブログで発信してくれる人が増え、

SNS では子ども同士一緒に英語で遊ぶ（＝プレイデイト）コミュニティなどのお誘いもあるようですので、取り組みやすい環境だと思います。それぞれの家庭にとっての最適解は違うと思いますが、お子さんや家庭に合った方法を探しやすいのではないでしょうか（しかし明らかに何かを宣伝することを目的としていたり、「これをやらないと、または使わないと英語は身につかない」などと主張するタイプの内容や、逆に何かを否定・批判するようなものには注意が必要です）。

　私は若い頃、公立の保育園で保育士をしていましたが、その後転職し、結婚する前にはネイリストとして働いていました。ネイリストとしての技術を衰えさせたくなかったため、子どもたちが1歳になったのを機に、週に3日だけ子どもを認可保育園に預け、仕事に復帰することにしました。

　子どもたちはすぐに園に慣れてくれたようでしたが、そんなある日、保育園に子どもを迎えに行った際、ある先生が娘たちに対し、（おそらく私をまねて）ふざけた感じの英語で話しかけているのを耳にしてしまったのです。自分のやっていることを否定されているような気がして、ものすごくショックでした。

　また二人が2歳になる少し前に、トワが数日間入院することになりました。その際保護者は一緒に泊まることができないものの、就寝時間までは部屋にいてもよいとのことだったので、病室でトワと一緒に過ごしていました。そのときも家で過ごしているときのように、英語で話しかけ

たり、英語の絵本の読み聞かせをしたりしていました。しかし同室のお子さんのおばあちゃんが面会に来た際、私たちの様子を見て「こんなに小さいうちからこんなことをしてかわいそう……」と言われたこともありました。

　親がバイリンガルや外国人でもなさそうなのに英語で話しかけているということで、周りからはかなり変わった母親に見えていたのでしょう。身内からも「日本語をもっとやったほうがよい」「これを読んだほうがよい」と新聞の切り抜きや国語力の本などを送ってくれたりと、娘たちが小学校を卒業するまでは、日本語については言われてきました。

　母語である日本語に対して心配して言ってくれていることは十分理解できましたが、このように周囲の人に理解してもらうのが難しい場合があるのが、「英語子育て」の辛さかもしれません（スポーツや音楽なら親子で一生懸命やっていてもここまで言われることはないのではないでしょうか）。なお、年齢とともに日本語力・国語力の上がった現在では、心配されることもなくなりました。

　まだ子どもたちの英語子育てを始めたばかりの1歳頃、私の姉が自分の子どものために購入したディズニーの英語教材を譲ってくれることになりました。新品で購入するととても高額なものであるため、購入するなんて考えたこともなかった私にとっては、大変ラッキーで有難いことでした。中にはほとんど使われた形跡がない教材もあり、封の

切られていない CD もありました。早速 CD をかけ、曲に
合わせて歌を歌い、ポスターを貼ったり絵本を読んだりし
てみました。ビデオ（この時もらったのが VHS だったのです）
も一緒に見たりしましたが、教材をただ譲り受けただけの
ためか、正しい使い方がさっぱりわかりません。

　もちろん姉もうまく使えていないので未開封の状態のも
のもあるということで、姉に教えてもらうこともできませ
んでした。さらにそれ以外のアクティビティ（教材を購入し
た家庭が利用できる、ネイティブと話したり遊んだりできるサービ
ス）を使えず、子どももまだ小さいという状況で、使い方
をゆっくり研究することも、誰かに教えてもらうこともで
きず、教材を使いこなすことができなかったため、すぐに
使用を断念することに……。当時は時間も心にも余裕があ
りませんでしたので、結局、自分なりのおうち英語を考え
ることにしました。

　同じ教材でも中古であっても使い方を把握し、しっかり
上手に使ってお子さんの英語力を伸ばしているご家庭もあ
るでしょう。それなのに私はこれらをうまく使いこなせな
かったことがとても残念だったのですが、「もしかして自
分も似たようなことをしてきていたのかな？」と思うこと
があります。

　それは、この教材は、絵本（リーディング）・動画・音楽
（リスニング）・遊び（イベントやネイティブとおしゃべりができ
るアクティビティ、カードリーダーや CD を使って聞くリスニング、
ワークブックなどでのライティング、パペットなどの遊べる教材）

それぞれの内容が連動している部分も多く、その中に4技能を楽しく身につける要素がふんだんに入っているという点で、私が家で取り組んでいた「おうち英語」と共通していたからです（やみくもに色々なことをせず、一つの教えたい内容の中に意識的に文法や語彙を入れ、テーマに沿って絵本や映画、音楽など多方面から取り入れ連動させる・普段の会話にもその内容を取り入れる〈リスニングとリーディング〉・オンライン英会話や外で行われるハロウィンなどのイベントに参加することでスピーキングとリスニングを磨き、英語でコミュニケーションをとる楽しさを感じてもらう・自宅でワークブックを利用する〈ライティング〉の4技能を身につける、など）。

　これらを意識していれば、単語帳を使ってひたすら単語を暗記したり、文法から考えて和訳・英訳したりするような、今まで私がやってきた、いわゆる日本的な勉強をさせずに、幼児期から自然と英語を身につけていくことは可能だと、自己流の英語子育てを続ける気持ちになっていったと思います。

3歳までの間に使っていた教材や絵本

  母からの解説

　この当時使っていたCDや絵本は主にネット書店などで購入し、図書館も利用していました。大きな県立図書館のようなところはもちろん、少ない数でも洋書が置いてあると聞いた図書館にはかなり足を運んでいました。ただ洋書

は蔵書数が少ないため、自分の子どもの年齢や興味に応じた絵本を探すのは難しく、基本的に日本語の本は図書館で借り、英語の本は購入することが多かったです。

　ちなみに「Oxford Owl」「Open Library」などのサイトに登録すれば英語の本が無料で読めます。音声が絵本を読んでくれるサイトなどもあるので、それらを使うのも良いかもしれません。

　表紙を表にして置いておける子どもの背丈の本棚（よく保育園や幼稚園で見かけるタイプの本棚）を購入して絵本を並べることで、絵本が常に子どもの目に入り、すぐに手に取るようにすることを意識していました。

　他にも、以前の仕事柄もあり壁面装飾などは得意だったので、自分で色画用紙を買ってきては子どもが寝たあとに動物や形を作って壁に貼り、それを会話に取り入れることもしていました。

　またホワイトボードを100円ショップで購入し、白いシート型のマグネットに晴・雨・くもり・雪の絵や、曜日や帽子・傘などを描き、朝支度が終わると、

母："What's the date today?" "What day is it today?"「今日は何日？」「何曜日？」と質問

子："Friday!" "March!"「金曜日！」「3月！」と Friday と書かれたマグネットを探し所定の場所に貼り付ける。またはホワイトボードに記入する。

母："What's the weather today?"「今日の天気は？」

子："It's rainy!"「雨！」これもマグネットを貼る

母："What do we need today?"「今日は何がいるかな？」

子："An umbrella!"「傘！」絵が描かれているものから選んで貼る

などと一緒に話しながら、マグネットをボードに貼ったりしていました。

このようなやりとりは日本語の保育園（日本語で）や英語のプリスクールのようなところでもよく取り入れられていると思います。

この頃の私たちが覚えていること

2歳半を過ぎた頃に私たち家族は父の仕事の都合で、関西に引っ越した。そこに住んでいた時に、近所にあった英語で過ごすプリスクールに1年ほど通っていたらしい。でも残念ながら私たちにはその頃の記憶がほとんどない。担任の先生の記憶すらはっきりとはしておらず、ビデオを見てもやっていることをなんとなく思い出せる程度だ。

母は英語を身につけさせたいと考えてこの園に入れたのかもしれないが、それくらい小さいとほとんど記憶に残らないし、英語力には大きく影響しない気がする。（私たちだけがそうなのかもしれないが……）。私たちの場合、家で母が英語でよく話しか

けてくれていたし、この当時家で聴いていた CD や読んでもらっていた本のほうがよほど印象に残っているので、この時期におうち英語をしている家庭なら、それだけで十分なのかもしれない。

 母からの解説

　転居先で仕事を始めるにあたり、保育園に入れる必要があったのですが、前述の通り、日本の保育園では英語子育てをあまり理解されなかったという思い出があったことと、自分が英語子育てをする時間がほとんどなくなってしまう環境になることにより、「今までの英語を忘れてしまうのでは？」という不安から、英語がある環境を求めて、近所だったこのプリスクールに入れました。

　この頃すでに娘たちは英語で話せていたため、入園面接の際の簡単な質問にもほとんど英語で答えていました。しかしそのとき、英語で一日を過ごすプリスクールであるにもかかわらず、「もっと日本語をやると良いですよ」と言われてしまったのです。日本の保育園で英語を使うことも一般的ではなく、英語の保育園に入れても日本語を勧められ……。「日本で英語子育てするにあたって、ちょうど良い場所探しをするのは難しいな」と感じたのでした。

　わが家のように仕事で子どもを預ける必要がある家庭は、英語を聞いたり話したりする時間が少なくなってしまうため、預けている間も英語の環境を継続するという意味で、プリスクールは選択肢の一つだと思います。

しかし、ある程度英語力があるご両親であれば、家庭で英語を聞く・話すなど、英語を身近に感じる環境は十分作れると思いますし、私の英語力であっても、娘たちは英会話をすでにかなり身につけていたので、彼女たちの話をいま改めて聞くと、この時期であれば経済的にも安くすんで一番効果があるのは、やはり「おうち英語」ではないかと思っています。

私たちのおもちゃはアメリカのおもちゃだった

　私たちのおもちゃは、母の知り合いなどからいただいたアメリカからのものや、ネット通販で買ったものが多かった。

　例えば英語の曲（nursery songs）を歌うティーポットを使って、おままごとで"Here you are."（どうぞ）"Thank you!"（ありがとう）"Mmm, yummy"（うーん、おいしい）"More tea, please!"（もっとお茶ちょうだい！）と私たちの間で話して遊んでいた。一つひとつアルファベットが書いてあるポケットにその文字に合わせた小物（例えばAならリンゴ［Apple］、Bなら本［Book］など）が入っているおもちゃ、アルファベットをはめるとそのアルファベットの音や単語の読み方を話すマグネットなど色々あった。このように家にあったものはほとんどが英語に関わるおもちゃだったので、英語を自然と楽しく身につけられたと思う。

　今でもよく覚えているのは、アメリカ製の人形を2つ持っていたが、一つが肌の白いあかちゃんで、もう一つが肌の黒いあかちゃんだった事だ。偏見も何もない小さい頃からこのようなおもちゃと触れ合うことで、肌の違いに違和感などを持つこと

なく、より外国の人と自然に触れ合えるようになったことは、自分たちの中で大きかった気がする。

 母からの解説

　英語のおもちゃを見つけるとよく購入していました。アマゾンやトイザらスなどで手に入れることが多かったのですが、選ぶ基準は LeapFrog 社や Fisher-Price 社など、ネイティブの子ども向けのものです。

　外国のおもちゃはとてもカラフルで見た目がかわいいだけでなく、おもちゃが発する英語の言い回しも自然です。商品の箱や説明書が英語で書かれているものもありますが、私にとっては、それも言い方や単語を覚えるチャンスでした。とにかく**英語圏（欧米）の文化をそのまま受け入れたかった**のです。

　肌の白い赤ちゃんと褐色の肌の赤ちゃん両方のお人形を購入した理由は、まさしく娘が書いたように（日本ではまずこのような人形は一般的でないですが）人はそれぞれ違うのが当たり前ということを学ぶには最適だったと思います。「ネイティブの子が使うもの」という基準は、のちに使用したワークブックを選ぶ際にも徹底していました。

　他にも、先輩おうち英語ママさんのブログなどを参考にしたり、保育士としての経験から、年齢に合わせた興味を持ちそうなおもちゃなどを取り入れていました。（私は当時 Marinko さんの「バイリンガルも夢じゃない！」というブログなどを見ていましたが、自分の子どもより年齢が少し上のお子さんがい

るご家庭で、自分が考える取り組みをしていたり、目標になりそうな方の情報を参考にしていました。今は【おうち英語・ブログ・バイリンガル】などのワードで検索すると、たくさんの親御さんがご家庭の取り組みなどをブログで書いていますね）。

しかし、先輩ママさんの取り組みも、自分の子どもの興味や性格にマッチするとは限らないので、その中からアイデアを少しもらうというスタンスで読んでいました。

見ていたのはアメリカのDVD

小さい頃から母が私たちにDVDを見せてくれていた。そのほとんどがアメリカのアニメ番組で「Blue's Clues」「Barney & Friends」「Disney Princess」「Dora the Explorer」「Little Einsteins」「Oswald」など……。

「Barney & Friends」と「Little Einstein」は番組中に歌が多く、その歌はストーリーより理解しやすかったうえ、Nursery rhyme（童謡）のように覚えやすいところが特徴。紫色の恐竜の Barney が子どもたちと歌う「I Love You」「Old MacDonald」などの曲は、アメリカの子どもなら誰もが聴いたことがあるような有名な曲だ。正しいマナー、けんかをしたときの仲直りの方法、成長することの楽しさや手洗いの大切さなども Barney のお話に教えてもらったのを覚えている。

このような海外アニメの登場人物は、視聴者に向かって直接話しかける場面もあったりするため、たまにテレビに向かって返事をしていたことも思い出す。

「Dora the Explorer」も海外では子どもの頃に見ていたという人が結構多い。主人公の Dora がアメリカ人ではなくヒスパニックで、たまにスペイン語を話す様子が印象的だった。毎回冒険をするという設定も面白かったが、ミッションをクリアするためにスペイン語で数を数えるなど、エピソードによっては学習的な要素もあったりした。

　今でも外国や帰国子女の友達と話す時に、昔見ていたこのようなアニメ番組の話をすると「自分も見てたよ！　懐かしい！」とみんなで盛り上がることがある。

 母からの解説

　テレビ番組に関しては私も時間があまりなかったため、ニュースなどを朝や夜に大人が見る以外ほとんどつけておらず、流しっぱなしにすることはありませんでした。

　子どもたちは日本の教育番組を見ることもありましたし、この時期は「プリキュア」のような日本のアニメも見ていましたが、テレビをつけっぱなしにはせず、子どもたちが見るものは基本的にディズニーチャンネルの英語版、「セサミストリート」や恐竜の「Barney & Friends」など、アメリカで見られている番組の DVD がほとんどでした。文化ごと身につけてほしいという想いからネイティブの同年齢の子が見る番組を選び、日本の会社が作った英語を学習するための教材などは使いませんでした（もらったディズニー教材のビデオは除く）。

　DVD はアメリカのものを購入するため、日本のプレイ

ヤーでは見ることができません。そのためアメリカのリージョン対応のポータブル DVD プレイヤーを購入し、それを使っていました。このポータブルプレイヤーは、どこかに出かける際には大変役に立ちましたし、海外旅行に行ったときも、購入したものをその場ですぐに見ることができたので、当時は大助かりのアイテムでした。

　今では YouTube などで英語の子ども向けコンテンツを簡単に見ることができますし、それらを使うのはとても効果的だと思います。

　しかしどうしても関連するものが次々と流れてくるため、いつまでも見てしまうという弊害があるかもしれません。我が家では番組が終わったらテレビを必ず消すようにしていたためか、見たい番組が始まると子どもたちは座って集中して見ていましたし、小学校に上がっても番組が終わるとさっさと切り替えて他のことをするという習慣がついていました（YouTube は年代的にも低年齢時には全く使っていません）。

　長時間見せたり、流しっぱなしにしなかったことは、集中力の面では効果的だったかもしれないと経験から感じています。

第 **2** 章

幼稚園、
保育園時代

英語を学ぶ環境をつくる

2、3歳になる頃には、私たちはすでに英語を文章にして話すようになっていた。この頃は英語と日本語の割合は1：1だったようだ。当時のビデオや動画を振り返ってみると、私たちの英語の話し方には2つ大きな特徴があることに気づいた。

📖 1 　単数形と複数形、指示語などを使い分けて話すようになっていた

"These flowers 〜" "It's a bumblebee!" という風に、this の複数形の these を使って花を指したり、ハチが一匹いることに対して It's bumblebee. と言うのではなく、a や the をきちんと入れたりして話していた。もちろん勉強したわけではなく、生活の中で自然と身につけていた部分だった。

当時、母がよくかけていた歌の CD「Wee Sing」（アメリカの童謡集）の歌に合わせて踊ったり、手遊びをしたりしていたが、その中にも色々な Singular/Plural（単数 / 複数）や単語が入っていた。

例えば、"Head, Shoulders, Knees and Toes" という曲がある。（歌に合わせて体のパーツを触り、どんどん歌が速くなる曲）頭は一つだから head、肩は shoulder ではなく shoulders で両肩を触る、目も eyes で s が付くので両目を触る、足の先は toes ……と、歌の歌詞に登場する言葉からその単語の意味だけでなく、使い

方にも自然に慣れていった。

2　相手によって使う言語を変えていた

それまでは相手関係なく、父にも祖父母にも英語で話すことが多くあった。しかし、3歳くらいからは、家族の中では母と姉妹間だけで英語を話すようになっていた。

父は英語が得意ではなく、私たちに英語を使って話すことはなかったので、「日本語担当」みたいな認識だった。そのため家族全員いる時は日本語を使い、母が私たちに話しかける場合は、たとえ日本語で話しかけられても私たちは英語で返事をするということが増えていった。「この人なら英語が通じる」「この人はたぶん英語より日本語を使ったほうがいいのだろうな」などと、英語がわかる・使う人を小さいながらに区別していたのだと思う。

母は私たちによく英語で話しかけていたので、モアは当時、母がアメリカから来た人（移民）だと思っていたらしい……。

 母からの解説

おうち英語を始めてしばらくした頃、子どもに英語を教えるなら、日本語に英語を混ぜて話す、いわゆる「ルー語」ではなく、きちんと文章にして話すことを意識することで、単数や複数だけでなく、文の流れも自然に覚えられるとどこかで読んだ記憶がありました。

定型文でもフルセンテンスで話しかけることを意識していたからか、自然とaやan、複数形のsを付けることなどを学んでいたようです。

私も普段から子どもたちが靴をはくときに、2足見せて
「Put your **Shoes** on.（靴はいて）」や、わざと1足見せて
「Where is your other **Shoe**?（もう一足はどこ？）」などと違
いがわかるように声をかけていました。

　英語の曲も車での移動中や、部屋で遊んでいるときによ
くBGMのようにかけていました。"Head, Shoulders,
Knees and Toes"は、小さい子が体のパーツを自然に覚
えられる曲としてもよく使われています。
「Wee Sing」には手遊びがある歌も収録されているので、
日本の手遊び「グーチョキパーで何作ろう？」のような感
じで一緒に遊んでいました。今は色々なジャンルの英語の
曲が聴けますが、英語圏の童謡も、日本語の童謡と同じよ
うに次の世代に受け継いでいきたい文化です。

　英語の文法は私自身もよく間違えていましたが、子ども
たちはそれについてまだ気づいていなかったので、この時
期はあまり気にせずとにかく続けることを意識していまし
た。むしろ間違えていても堂々としていたのが良かったの
かもしれません。

この頃に読んでいた本

　当時読んでいた絵本は、簡単で単語数も少ない短い文章のも
のが多かった。そのような絵本でも中にたくさんの絵が描かれ
ていて、ただ文章を読むだけでなく、それらを母が指さしなが

ら、

"Look! It's a dog."

"These are chicks. They are cute, aren't they?"
などと私たちに話しかけていた。

日本語でも『ミッケ！』というタイトルで売られている『I SPY』シリーズはほとんど写真で、その中にたくさんのものが映っている。それを母が、

"I spy with my little eyes ... something that starts with the letter A!"（私の小さなおめめで見つけた……A で始まる何か！）
と読んだ後、A で始まるものを写真の中から二人で探したり、母も一緒に答える役になったりしながら読んでもらっていた。

わからない言葉に対しては、"What's this?" と言えば "It's 〜" と答えてくれていたし、母もわからない単語はその場で辞書を使って調べていた。言われたものをゲームのようにページ内から探す楽しさのおかげで、「難しい」「つまらない」といった感覚は一切なかった。

他にも、Richard Scarry の Busytown シリーズは本もビデオもあり、よく見ていた。そのため今でも歌を聴くととても懐かしく感じる。Dr.Seuss の絵本もこの頃から、よく母に読み聞かせをしてもらっていた。たくさん読んでもらっていた絵本の中で使われる単語を母が日常の会話にも取り入れていたからなのか、英語の意味も理解できていた。

例えば、Karen Katz の『I Can Share!』という絵本がある。share（シェアする、分ける）する大切さがいろんな場面で描かれているのだが、この絵本を読んだ後のおやつの時間になると母

が、

"You have to share with Moa."（モアと分けなきゃだめよ！）
と会話で使っていたので、「SHARE ＝共有する、分ける」という意味だということを自然に覚え、使えるようになっていったのだと思う。

Mo Willems の絵本シリーズ『Don't Let the Pigeon Drive the Bus』は絶対にバスの運転がしたいというハトが主人公の絵本。文章は少し難しい場面もあるが、細かく分割されたイラストとハトの表情でわかりやすくなっている。ハトが激怒する場面が一番面白いところなので、読む人の演技力が必要かもしれないが、英語力がなくてもその演技で楽しめる一冊（私の母も分からない部分は絵からニュアンスを読み取り、声の演技で乗り切っていた）。

他にも、この作者の『Elephant & Piggie』シリーズは、仲良しのゾウさんとブタさんのお話で、前述の本より語数も少なく一緒に読むにも、読んでもらうにもちょうど良い。こちらもお話が面白いのでおすすめしたい。

他にも『Goodnight Moon』（日本語版は『おやすみなさいおつきさま』）のような、韻を踏んだ短い文を含む絵本や、日本語でも有名な『The Very Hungry Caterpillar』（Eric Carle）（日本語版は『はらぺこあおむし』）のような仕掛けのある絵本をたくさん読んでもらった記憶がある。トイレトレーニングの絵本（例えば Karen Katz の『A Potty for Me!』）や、セサミストリートのカウント伯爵が主人公の数字の絵本などもよく読んでもらっていた。

特にページをめくると絵が隠れている Lift the flap books も大好きで、『Where's Spot?』（Eric Hill）などの犬のスポットシリ

ーズや、Karen Katz の描く絵本の数々（『Where is Baby's Belly Button?』など）、動物園のお話『Dear Zoo』（Rod Campbell）など、おすすめをあげたらきりがない。

 母からの解説

　前述したように、絵本選びは基本的に季節や年齢を考えて選ぶ日本語の絵本のときの感覚とほとんど変わりませんが、ただ読むだけでなく、そのときに教えたい言葉や内容を意識して選ぶようにしていました。

　教えたい内容・単語が書かれている絵本を選んで読み、動作などは生活の中ですぐに繰り返し使うことで、二人は前述のように理解していきました。

　Dr.Seuss のシリーズは、アメリカでも広く読まれている定番のベストセラーで、言葉遊びや韻を踏んだリズムが楽しめる内容のものも数多くあります。

　これらシリーズのほぼすべてを読み、活用していたので大変おすすめできる絵本です。

いろいろあって合わなかった最初の幼稚園

　年少の年に１年間通っていた幼稚園は、キリスト教系の学校らしく立派なチャペルが園内にあった。その園には制服があり、ちょっとかしこまっている感じだった。園での私たちは、自分からクラスメイトや先生に話しかけることはほとんどなくいつも二人くっついて行動していたため、幼稚園では記憶に残る思い出があまりできなかった。

母からの解説

　関西からの突然の転勤により、わずかな情報を頼りに、ある幼稚園に連絡して面接を受けることになりました。その際普段英語で話していることを説明し、理解していただけたため入園することに。しかし家から遠く、園バスもなく毎日車での送迎になり、親子で他のご家族や近所の子とのつながりがほとんどない１年間でした。

　そのため、今まで行っていたおうち英語を基本にしながら、ハロウィンやイースターなどの英語を使う体験ができるイベントや、単発で行われる英語教室の体験レッスンなどを探しては参加するようにしていました。

　また自宅で使用するワークブックは、フォニックス（58ページで説明）を取り入れたアルファベットの持つ音を理解させるものや、dot to dot（アルファベット順に点と点を結んで絵を完成させるもの）など、色々な種類のものを使用していました。

私たちには合わなかったバレエ

　この頃に入ったバレエは参加している子たちに日本人でない子が多くいて、英語で教えてくれることを母が気に入って通い始めた。しかし私たちは先生の話を聞かずに鏡を眺めたり、走り回って遊んでばかりだった。自分たちがやりたいと言って始めたものではなかったので、正直そこまで頑張る気持ちにならなかったのだ。

ほかにも母と一緒に色々な場所を訪ね、英語のレッスンが体験できる英語教室のような所にも行っていたが、いつも微妙な感じに終わっていた。今もそうだが、気に入らないことや、違うと思ったことは無理に選ばなくてもいいと母はよく言っていた。そのため色々見て体験し、判断をすることが多かったようだ。結局バレエはすぐにやめてしまった。

 母からの解説

　何か運動をさせたいと考えていた際、外国人向けのスポーツ施設があるのを見つけました。ここは会員制スポーツクラブのため、一般の方は普段使用できないのですが、外部の子も参加できるバレエのレッスンがあると HP で発見し、申し込むことにしました。周りのお子さんも外国籍のため、英語でいることが自然な環境だったのですが、残念ながら娘たちには向かなかったようです。

　しかしこの施設では、ハロウィンやワンデーイベント、サッカーのレッスンなどもあったので、こういったイベントに参加し英語を使う機会が持てたことは、自宅でできない経験を得るという点でプラスになったと言えます。

　当時は**英語を習うということよりも、英語の環境で習う**ということが大事だと考えていました。

転園したい……英語の保育園へ

 モア

　私はこの頃主に英語を使っていたのだが、（それが原因だったのかはわからないが）同じ幼稚園のクラスの男の子によくからかわれていたので、幼稚園はとても居心地が悪かった。自分の気持ちを母によく話していたところ、英語の保育園を見つけてきてくれたため、転園することになった。

　転園先は今までの環境と全く違い、自由に英語でしゃべってもいい、むしろ日本語が禁止されている場所だったため、最初はおずおずしていて、周りのネイティブの先生のことも警戒していたが、すぐに「自分は好きなように過ごして、好きなことを学べるんだ」ということに気づいてなじめるようになった。

　クラスの活動では、自分の意見を自由に言い、クラスに積極的に参加できたため、この園には楽しく、いい思い出が多い。

 母からの解説

　この時期にはすでに家庭で多くの英語を使い、何かを書く時もアルファベットを使用することが多くなっていたことや、園での苦手な子の存在や、モアのはっきりしている性格などから、幼稚園という環境になじめなかったようです。大人数で一斉に何かをすることも、当時のトワのように行動がスローペースの子には大変なようでした。
　「英語の幼稚園がいい！」と、モアに連日のように言われたため、転居を機に再度英語で過ごせる園探しを始めるこ

とになったのです。

　私の知人でお母さんが日本人、お父さんがアメリカ人の
ファミリーを数組知っていますが、お母さんが日本語で過
ごしているお子さんは普段は日本語で過ごし、英語を話す
お母さんのお子さんは、普段の家族の会話は英語でした。
　日本語で過ごしていた同じ歳のお子さん（当時3歳）は
一緒に動画を見ていたときも、「英語じゃなくて、日本語
がいい！　変えて！」と英語音声を嫌がるほど。そのため
「やはりお母さんの使う言語、一番近くにいる人の使う言
葉は、何よりも影響力があるのだな」と感じていました。
　私が英語を使うようにしていたことで、すでにこのとき
には、娘たちも英語を使う方が心地よい状況になりつつあ
ったのかもしれません。

外で英語を学ぶ

親子留学ってなんだ?

　親子留学とは子どもが海外の学校や英語を学ぶスクールに通う間、親も語学学校などに通い親子で留学することだ。

　私たちは普段から時々遊んでいた同年代のお友達親子と一緒にハワイのプリスクールに行き、約1か月近く通うことになった。

 母からの解説

　この頃には英語で会話をすることがかなり多かったため、本当の英語環境で過ごす生活をさせたいという想いと、時間があるときにしかできないし、次にいつできるかわからないということから、関東に帰ってくるタイミングで思い切ってハワイのプリスクールに申し込むことにしました。その際、友人もこの体験に興味を持ってくれたため、一緒に申し込みをし、アパートもシェアすることで、金額を抑えることができました。

　親子留学といっても、こどもが園にいる間、私は学校などに通っていなかったのでその分のお金もかかりません。ウェブサイトで探したプリスクール（Kama'aina kids）は、ワイキキから近くバスで通うことが可能な距離にあり、しかも1か月という短期間でも通園させてもらえるようで

したので、代理店に頼んで申し込みをしました。

- 飛行機代：私はマイレージを利用（クレジットカードでマイルをためた）、子どものチケット代のみ
- 保育園：Kamaʻaina Kids 利用
- アパート：（友人家族と折半）コンドミニアムでなく、普通のアパート（アラワイ　アパートメント）にすることで費用を抑えたためプールなどはなし
- ツベルクリン反応・健康診断代：ハワイに到着してから、現地の小児科を予約して必要事項を記入してもらい提出。当時ハワイには有名な日本人小児科医がおり、予約も受診も日本語で OK だった
- 海外旅行保険：現地でケガや病気になることがあるのでこれは必須。我が家も滞在中何度も医師の世話になり、毎回キャッシュレスで受診（しかし薬をもらう際は、場所により実費支払い）
- 電話：園ではすぐに連絡がつくように、アメリカの電話番号が必要となっていたので、アラモアナセンター内にあるショップで、一番安いプリペイド携帯を購入
- 食事：食生活を変えないため、費用を抑えるために日本から醤油やだしといった調味料、米のパック、そうめん、海苔などを持参することでなるべく外食をせず過ごしていた（ちなみにこのプリスクールの開園時間は早いため、早く登園する子には簡単な朝食もあった）

ハワイのプリスクールで学んだこと

プリスクールでは、アメリカ独自のフレーズに出会うことが多かった。日本の保育園でいう「おててはお膝」は"Keep your hands to yourself"、集まったときに座る体勢は体育座りではなく、あぐらをかいて座るのが普通だった。

ちなみに、「あぐらをかく」は子どもを相手に言う場合、「criss cross applesauce」というフレーズを使うということも新たに知った。アメリカでは、韻を踏んだ言葉が含まれるフレーズがよくある。

プリスクールの中の様子は、日本の英語保育園とそれほど変わらない。教室内にはイラスト付きのアルファベット、基本的な挨拶の言葉、時間の読み方などが英語で書かれたカードやポスターが壁一面に貼られていた。園舎の外に遊具がいくつかあり、タイヤやシーソー、雲梯（モンキーバー）があったことも覚えている。

毎日のカリキュラムも日本の英語保育園と大きくは変わらないように思った。朝の会に始まり、絵本を読んでもらい、ランチの後にはお昼寝タイム、起きたら工作の時間……といった感じだ。「アルファベットのAで始まる言葉探し」など、ちょっとしたレッスンもあったが、年齢が低いからか、学ぶというよりは遊んでいる感じだった。

日本とちょっと違っていたのは、工作の時間だ。マカロニやコーンフレーク、アイスの棒など身の回りの変わったものを使ってコラージュを制作するのは、初めての経験だった。

「Simon Says」というゲームがあり、指示者（先生）に"Simon says ...... turn around!"と言われると、皆は指示された通りぐるりと回る。この言葉の最初に「Simon says」がつかない場合は、真似をしてはいけないため、言葉をよく聞いていないといけない。この遊びは色々な場所で行われていたので、一般的なのだと思う。言葉とアクションを同時に覚えることができるため、私たちの家でもやっていた。

滞在中はハワイのアパート、通称「ホワイトハウス」に泊まっていた（外見が白かったことから命名していたが、もちろん外では「ホワイトハウスに住んでるよ！」なんて言えない……）。

週末にはオバマ元大統領が通った学校PUNAHOU（プナホウ）スクールのカーニバルや、Hawaii Children's Discovery Center、ビーチや近くにある遊具などで遊んで過ごした。カーニバルでは、チケットを購入したあと乗り物に乗り、ゲームで当たった景品のアクセサリーを身につけ、屋台のお菓子を食べて帰ったのを覚えている。

子どもだったからか、カーニバルの会場でたくさん人に声をかけられた気がするが、その頃は知らない人に突然英語で話しかけられることに対して違和感を持っていた。これがアメリカでは当たり前なのか、と戸惑いながらも思った記憶がある。

ホノルル動物園にもよく行っていた。

ここでは同じ保育園で遊んでいたクラスメイトの子とたまたま会って、一緒に回ったこともある。昔のビデオを見ると、アパートの部屋にいる間は図書館で英語の絵本を大量に借りてき

て読んだり、色付き粘土のプレイドウやプリンセス塗り絵で遊んだり、DVD、テレビアニメ番組（Nickelodeon）を見たりしていたけれど、これらは日本の家で過ごしているときと内容は変わらなかった。

　他の週末の過ごし方といったら、いつもの書店「Barnes & Noble」へ、たくさんの絵本に囲まれに行くこと。「Sesame Street」シリーズ，「Curious George」、「Elephant & Piggie」や「Berenstain Bears」シリーズなど、絵本のコーナーに入り浸っては本選びをすることが、ハワイでも習慣になっていて、たぶんビーチに行くよりも長い時間を過ごしていたと思う。

 母からの解説

　私は朝の８時半頃に子どもを園に送り届けたあと、その足でスーパーに寄って買い物をしたり、ついでにフリーペーパーや今後行く予定のある場所の下見をするなど情報収集をしたりしていました。現地では仕事はしていなかったものの、ゴミ捨てや部屋の掃除、コインランドリーでの洗濯を済ませ、夕飯の下ごしらえをして16時頃に子どもを迎えに行く……というように、地元の方とほとんど変わらない過ごし方をしていました。

　旅行中に子どもは目やにが出たため医者にかかったのですが、シェラトン・プリンセスカイウラニ内にあるクリニックに行き受診をしました。その際は海外旅行保険を使い

キャッシュレスで受診、薬も処方してもらいましたが、子どもと一緒だと突然のケガや病気などが起こります。その後の旅行でも、私の片頭痛が悪化して急遽必死の思いで受診、子どもが待合室で本を読んで待っている中、点滴をしてから帰ったこともあり、保険の大切さをつくづく感じています。

　クレジットカードの海外旅行保険もありますが、この場合キャッシュレスでは受診できない場合もあるようです。ハワイといえど治安のあまり良くない地域もありますし、トラブルに巻き込まれてしまった方の話も現地で聞いているので、お子さんを連れての旅行では海外旅行保険は必須だと思います。

　また、観光地といえども夜間は危険な場所もあるので出歩かない（観光客ではなく、生活している感覚で過ごす）、子どもを部屋に置いて絶対に出かけない。日本の感覚でちょっとだけなら、と子どもを部屋に置いて買い物に行ってしまい、事故にあってしまったという話も聞きますし、そもそもアメリカでは違法ですので注意が必要です。

　隣に住んでいた親子も同じように親子で日本から来ていた方で、一緒にご飯を食べたり、遊びに行ったりさせてもらいました。ハワイには英語教育のために親子で長期滞在している方もいるようです。

　他にもハワイで生活している日本人のお母さんたちと知り合いになり、情報を教えてもらったり、プリスクールで

一緒のクラスの地元の子と動物園で会い、一緒に行動したりと、日本にいたらできなかった多くの経験や出会いに恵まれました。夫は長期間私たち3人が不在になることに当初は不満もあったようですが、帰国した後、子どもたちのたくさんのお土産話を聞くことで、理解してくれたようです。

　子どもたちはハワイにいても絵本を読むのをやめることはなく、むしろ図書館や書店でいつもより種類の豊富な本を見つけては喜んでいました。帰国前に安いスーツケースを1つ購入し、お店で見つけたおもちゃやDVD、絵本をいっぱい詰めて帰りました。

自然と学んでいたフォニックス

　フォニックスとは、英単語の発音を理解できるようになるための学習方法。これは単語をひとつひとつ暗記するのではなく、音として覚えるため、単語に含まれている文字を「解読」することで読み方や発音を学ぶ。一つひとつのアルファベットの発音の仕方（abcは「ア・ブ・ク」で「エー・ビー・シー」とは読まない、など）を確認して覚えることが重要。それぞれの音に分解してから、音を全部くっつけて話すことで単語が読めるようになる。

　例えば、c、k、q、ckなどはすべて短い「クッ」の発音なので、言葉によってどう発音するか、どんな単語だとどんな発音になるのかがだいたいわかる。

　他には、単語によってはeやghの音を発音しない、

xylophone の x は「z」と読むなど、アルファベットを読むときのルールを覚えることで、単語や文章を読むときの基本が理解できる。

　私たちは絵本や音楽、ワークブックやおもちゃなどを通してこれを学んでいたらしいが、正直勉強した記憶は全くない。そのため幼い頃に読んでもらった絵本や歌、やっていたフォニックスのワークブックも「あれがそうだったんだ！」というくらいだ。

　自分で文字や文章が読めるようになり、その読んだものを理解できることは、絵本を「見る」のではなく「読む」ことにつながっていった。

 母からの解説

　子どもたちは2歳の頃からアルファベットの音を教えてくれるおもちゃなどを使っていたこともあり、フォニックスの概念は全く知らないまま、3歳頃にはアルファベットに興味を持っていました。日本語のひらがなも同じように幼稚園の年少入園時にはひらがなを見て読んでみようとしていたので、彼女たちは、文字を読むことにおいては、日本語も英語も特に意識していなかったのだと思います。

　フォニックスのルールについては映像で見せることもしましたが、アルファベットの持つ音について歌っている曲をドライブ中に流して耳からも取り入れさせていました。他にも好きな絵本を読んでもらううちに暗記したり、Sight word（フォニックスでも読みにくい単語で、文字を見てそのまま覚える簡単な頻出単語）のように単語を見たまま覚えて

しまうことも。

　また、キンダー用のフォニックスのワークブックも何冊か購入しました。これは、例えば「○ IG」のように一部が空欄になった単語と、その単語の意味を表すイラスト（この場合は「PIG ＝ ブタ」）が描かれているものを見て、単語の音を頼りに、空欄に入る正しいアルファベットを推測して入れる、といったものです。「What's this?」という問いかけに対し、子どもたちは「It's a pig! ...... プ、イ、グ ...... P!」などと言いながら空欄を埋めていきます。そのほかにも、バリエーションとして「犬」のイラストと「D ○ G」のように単語の真ん中が空欄になっているワークや、それ以外のワークとしてイラストとそれに対応する単語を線でつなぐページなどもありました。

　こうしたワークブックは「フォニックス　ワークシート」で検索すれば、ネイティブの子相当のものが簡単に見つけられますし、無料でプリントできるサイトもたくさんあります。アマゾンなどネットでも購入できます。

　今はアプリや動画でネイティブの発音が聞けるので単語の持つ正しい音に神経質にならずに、ゲーム感覚で楽しめるものを活用できるのもいいですね。

　おうち英語を成功させるには、とにかくお母さんのストレスを最小限にすることです。それによって継続することができ、子どもの英語力も伸びていきます（「こうしなくては！」「これをやらないとだめだ！」と思わず、「一緒に学べたらいいな」という気持ちのほうが嫌にならずに済みます）。

常に英語で話していた保育園時代

　前述のように年少の1年間を幼稚園で過ごしたあと、転居するタイミングで英語の保育園やプリスクールに見学に行き、最終的にその中で私たちが一番気に入った英語保育園に通うことになった。

　最初の見学日については細かい部分まで思い出せないが、朝の会でShow & Tellをしていたことは覚えている。Show & Tellとは、誰がいつやるのかを事前に決め、その日に家から何かを保育園に持ってきて、それを紹介するというアクティビティ。お気に入りのおもちゃや好きな本などを持ってくる子どもが多く、大きすぎて持ってこられない場合は写真を持ってきてもいい。

　Show & Tellの時間に持ってきたものを紹介すると、他の子たちからは「それは何ですか？」「どこが好きですか？」といった質問が出る。かと思うと、「好きな色は何ですか？」というような全く関係のない質問をされることもある。聞かれる内容は毎回だいたい同じようなものだが、それでもプレゼンテーションの経験は貴重だし、みんなの前で発表することは楽しかった。

　この保育園は日本語の使用が基本的に禁止となっていた。しかも先生たちはルールに関して厳しく、誰かが日本語をしゃべろうとするとしっかり注意し、間違った英語を使っていれば正しい使い方を教えて、正しく話すよう促していた。

　これは至って普通のことに聞こえるかもしれないが、他の見

幼稚園、保育園時代

学・体験をしたプリスクールでは日本語の使用に対する姿勢が
ゆるく、「日本人だし、しょうがないね」という考えを持って
いたように感じる。逆に、そこで諦めずにちゃんと指導してい
るところはすごいと当時幼いながらに感じていた。

　しかもネイティブの担任と日本人の先生が英語で話すだけで
なく、年長クラスの子は、自分たちより小さい子、下の年齢の
クラスの子たちに積極的に話しかけるよう促されていた。これ
は英語を話したり聞いたりする場を増やす目的のようだった。
私たちも年長になったときに、自由遊びの時間になると、乳児
や年少の子たちに英語で話しかけるよう、よく言われていた。

　クラスの子はほとんどが日本人だったため、先生の見ていな
いところで日本語を話す子も正直なところ結構いた。子ども同
士の会話では文法の間違いも多く、最初の頃は指摘していたが、
カッコつけている優等生というイメージを周りの子に持たれた
くなかったため、そのうちわざと気づかないフリをして話を聞
くようになった（振り返ってみれば、私たちが英語に情熱的になりす
ぎていたからこのような態度をとってしまっていたのだと思う。そう考
えると「ちょっと良くなかったな」と反省する）。

　園のドアを出たとたん日本語になり、それまで英語で過ごし
ていた友人に、「トワちゃんたちはずっと英語なの？」などと
不思議そうに聞かれることも多々あった。英語のプリスクール
に行くからといっても、それ以外の環境も大切なのだとだんだ
ん気づかされた。

母からの解説

　通える範囲の英語で過ごす保育園（仕事が終わる時間まで
預かってくれることが条件）やプリスクールはほとんど見学・
体験しましたが、英語面だけでなく、元保育士としての目
線もあるためか、なかなかこれといったところが見つかり
ませんでした。

　このような英語保育園と呼ばれるところは小さな園が多
く、小さいビルの中で行われている場合も少なくありませ
ん。

　そんな中、私が選ぶうえで気にしていたのは、以下のよ
うな点です。

・お子さんの人数も少ないところが多いですが、あまりに
　少なすぎるとこどもの社会を学ぶ経験が少なくなるし、
　小学校に入った際に集団の中で苦労すると考え、ある程
　度在園児がいる園を希望していました（ちなみに入園した
　園は1学年15名いました）。
・英語面では、子どもたちのレベルに合っているかという
　点を念頭に、体験の様子を見学。ポイントは、「園生活
　をすべて英語で行うことはもちろん、同じクラスのお子
　さんたちも英語で過ごすことができているか？」という
　点。「インターナショナル」とあっても、来ているお子
　さんはほとんどが日本人で、先生の見ていないところで
　は日本語しか話していないところもあれば、逆にこうい

ったことがないように、在籍する日本人園児の割合を決めているといった園もありました。

・園生活で、机に向かう時間がある場合、どのようなことをしているかも重要です。クラスや日によって行うことは違うと思いますが、この園では見学をした日、年少クラスで1から100まで順番に数えていくということをしていました。娘たちは年中から入園することになるため、すでにある程度の英語力が必要であると考えていたようで、一緒に参加できるか、園側も見ていたのだと思います。年齢や園によっては、さらに難しいことをしていることもあると思いますが、在園児達がクラスで行っている内容を、きちんと理解してできているかも見ておく必要がありますね。

・先生が子どもたちに十分に目を配っているか、保育園として機能しているかということも重要でした。見学した園の中には、全然参加できていない子がいても、先生が全くその子に目を配ったり声かけしたりすることがなかったり、うまく靴がはけない子へのフォローがない、子どもたちが鉛筆やクレヨンをきちんと持てていない、手洗いやトイレ、食事面などでも指導がされていないといった、保育園では普通に行われていることが見られない園もあります。英語面を重要視するあまり、保育面や安全面がなおざりにされていると感じる園もみられました。

　お子さんを英語園・プリスクールに入れる際、多くの園は見学・体験時間を設けていると思いますので、疑問点は

その場でどんどん職員の方に質問してみてください。

　何を重視するかは各家庭違うかもしれませんが、お子さんが長い時間を過ごすことになる場所なので、英語面だけでなく「生活する場」としても見るとよいと思います。

英語を使いながら遊んだ年中時代

　年中のレッスンでは話す・聞くだけでなく、プリントを使って簡単な言葉を書く練習（スペリングを覚えるため）をしたり、絵本の読み聞かせやみんなの前で文を読んだり、ゲーム形式で数字の数え方を学んだりもした。覚えている限りではそこまで「勉強ばかりしている」という感覚はなく、室内や公園で先生たちと遊んだり読書したり、洋画を見たりしていた。

　記憶に残っているのは、1時間ほどかけてアルファベットをなぞるレッスンがあったことだ。私たちはすでに家でアルファベットを習っていたため、そのレッスン中は正直退屈だった。もちろんマンツーマン指導ではなく、子どもが一斉に学ぶことを想定してカリキュラムが作られているので仕方ないのだが、すでに家で学んでいればレッスンのレベルと子どもの英語力の間にズレが生じることがあるかもしれない。

　他にも、お菓子作りやゲーム大会などのアクティビティをよくやっていた気がする。多くは「英語を使いながら遊ぶ」というもののため、ここでも自然と英語を身につけることができたのだと思う。

母からの解説

　年中クラスのレッスンには、英語の文章を単語ごとに切り取ったカードをバラバラに机に置き、子どもたちがペアになって一つひとつ単語を探し、先生から言われた文章を完成させるというようなものもありました。

　やはり普段から英語の本を読んで（もらって）いたことが、文字を読む・理解するという点において何よりも大きかったと思いますし、フォニックスを学んでいたため、正しく読む・発音することもできていました。

　パッと見て読みにくい単語に関しては、「Sight word」の絵本を取り入れたり、Sight word を一つひとつ手書した私の手作りサイトワードかるたを床に置き、3人で遊ぶことも。

　いつも私が読み手になるのではなく、子どもにも読み手をさせていました。かるたに書かれている単語を読めないと読み手になれないため、子どもたちも覚えようと頑張るのです。

　フラッシュカードのような、カードに書かれている文字や絵を次々にパッパッと見せて覚えさせるような学び方もあるようですが、我が家では行いませんでした。

たくさん本を読んだ年長時代

　年長になると、幼稚園では主にワークブックを使った英語と算数のレッスンが行われるようになった。ワークブックはアメ

リカのネイティブに合わせて G1（小 1 用）なども使用した。英語のレッスンではリーディング（文章を読むこと）やライティング（文章を書くこと）が多くなり、一気にレベルが上がった感じだった。

　クラスで文章を読み、そこに出てくる難しい単語を先生は一つずつ説明し、文章に関する問いに答える。その答えも自分で文章化して書くということをしていた。

 母からの解説

　年長クラスでは、本をどれだけ読んだかが大事にされていて、読んだ本はリストに書いて提出していました。5 歳児担任の先生は、本を読んだらシールをくれるなど色々工夫してくれ、子どもたちも色々な種類のシール欲しさに頑張っていたようです。

　娘たちは園で読んだ本の内容を話してくれるのですが、当初は園の本を貸してもらうことはできませんでした。

　そのことを担任の先生に相談すると、先生は早速クラスの子専用の小さな図書コーナーを作ってくれたため、子どもたちはそこから借りて家で読んだり、園で読んでもらった本を借りてきて、私に説明してくれることもありました。

　プリスクールや英語園、英語教室などでは、スカラスティック社のブッククラブを行っているところがあります。

　これは園やスクールで希望者を取りまとめて本を購入するシステムで、園からチラシをもらい、その中に載っている本は安く購入することができます。費用はドルから日本

円に換算し園に支払いをします。子どもたちが購入すれば
するほど園側は無料の絵本が手に入るという、子どもと園
の双方にとってうれしいシステムです。

　ブッククラブの利用や本の貸し出しなど、園側が取りま
とめるということもあり、面倒だと思われる園もあるかも
しれませんが、行っているところは読書させることに積極
的だと言えます。

小学校に入る前までに英検3級合格!

　英検5級から3級まではすべて年長のときに合格（順に6月、
10月、2月）した。英語面では日頃行っていること以上の対策
は特に必要はなく、どのようなテストなのか慣れることが一番
だった。

📖 行っていたこと

　マークシートの方法や受け方、過去問などは母が見ておいて
くれた。ルールの説明はすべて日本語で書かれているが、当時
の私たちはもちろん読んでもわからないので事前に母に説明し
てもらい、過去問を何度か解いてみることで試験の形式に慣れ
た。

　少し難しかったところの一つが、日本文を英単語を並べ替え
るセクション。私たちは英語を英語で理解していたので、一般
とは逆のパターーンだと思うが、英語を日本語に変換する過程に
時間がかかる。それに英検5級を受験したのは私たちが年長の
歳のときだったので、まだ設問の日本文の中の漢字も読めなか

った。

　リスニングの問題に関しては、普段の会話の内容とたいして変わらないので、ほとんど苦労しなかった。正直なところ、他のセクションで点数が取れなくてもリスニングに助けられた。私たちと同じように、低年齢の受験者はリスニングで得点を取る子が多いらしい。

　私はリスニングの対策として洋画を見ることをおすすめしたい。実際に映画はすごくリスニング力を伸ばしてくれた。保育園で流す洋画はいつも日本語字幕付きの英語版。しかしモアはこの頃から、映画の中の会話を英文で理解するために、洋画を見るときに英語の字幕をつけてほしいと先生に頼んでいた。

　コメディ要素の多い映画は特に、話が進むテンポが速い上に会話が早口すぎて聞き取れないことが多いのだが、そのときも英語字幕を目で追うことをしていた。日本語のほうが得意な場合、日本語字幕をつけてしまうと、そちらにばかり目が行き、英語があまり頭に入らない気がする。

　私たちの場合、試験の会場は自宅の近くの塾だった。できるだけ慣れている会場（準会場）での受験をおすすめしたい。理由は大きく2つ。

　事前に見学ができることと緊張せず受けられること。私たちの保育園は準会場だったため、周りに同い年くらいの友達や知り合いがいる環境で試験を受けられた。園が準会場になっていない日程のときは、母が近所の準会場である塾を探して参加させてもらっていた。

会場によっては机とイスが子どもには高すぎたり、会場が遠かったりと慣れていない環境で受けることになるので、なるべく近い準会場を探すほうがいいと思う（準会場のほうが受験料も安いらしい）。

　小さい子どもが英検を受けるうえで大切なのは、本人を試験の環境に慣れさせること。以前英検を受けた友達によると、周りに泣いている子や、問題がわからなくて試験監督に答えを聞く子などがいたそうで、最近では英検の低年齢化により、教室は年齢で分けられているところもあるようだ。

　くわえて、基本的なテストの受け方を知っておくこととマークシートに慣れておくこと。

　子どもは緊張や不慣れによって結果が左右されやすいし、周りにまで影響が出る場合もある。なるべく良いパフォーマンスができるように家で試験と似た環境でちゃんと時間を計って試験を受ける練習をするといい。あとは、凡ミスを防ぐために見直しの習慣をつけておく。

　家に帰ってから答え合わせをする人もいるが、「わかっていたのに間違えちゃった」と後になってわかるパターンが一番悔しいのでなるべく避けたい。こういった基本的な試験の受け方を小さいうちから知っておいたほうが将来有利になる。

　ちなみに試験では始まる直前まで教室で親が側にいられたので、名前や生年月日、住所などを代わりに書いてもらうことができた（これも安心する点だった）。

トワ

　文法で引っかかってわからなくなったときは「正しそうに聞こえる」という感覚で正誤を判断してしまってよい。どう考えてもおかしい文法の間違いは文字で見てわからなくても、口に出して言えばなんとなくわかる。

　頭の中で読み上げてみたら間違いは多少減るので、やってみるのも手だと思う。でもこれは、私たちのように普段から英語を聞く、読む機会が多い場合のみ有効な方法かもしれないのだが……。

1次試験

　過去問で慣れる、マークシートを事前にやっておく。もちろん、記入の仕方を一番気にすべきだ。マークがずれたら最後……。

〈リーディング〉

　まず文字が読めないと受験できないため、文字を読めるように日頃より本を読むことが大事。私たちはほとんどやっていなかったが、音読も良いと思う。読むスピードが遅いと終わらないため、どれくらいのスピードで読めるか日頃からチェックする。

　最近は色々なアプリがあるようなので、ゲーム感覚で読む練習ができると思う。

　この年齢のおうち英語の子達に参考書は不要。解説は親が読み、どこが間違っていたか説明してあげるか、オンライン英会

話などを使って、できれば英語で解説してもらう。

〈リスニング〉

鍛えるためには日頃から英語を耳にする。CD、DVD、オーディオブック、オンライン英会話など様々な手段があるが、身近な人が英語を話していればもちろんそれが一番だろう（英語をよく流しておく家庭もあるらしいが、ただ流していても理解にはつながらない。内容について理解させるほうが効果はあると思う）。

📖 2次試験

〈スピーキング〉

英語を話す機会を作らないと、2次試験に合格することは大変だろう。慣れるという意味でも家で英語を話す時間が作れたら、それが一番良い方法だと思う。

また、テスト慣れの意味では英検jrもあるので、まずはそれにチャレンジしてみて「GOLD（英検jrでは一番上のレベル）」を取ってから受けてみても良いかもしれない。

 母からの解説

幼児期に英検を受けることの是非が問題になっていますが、日本では英語力を測るときの基準を英検に頼りがちで、実際に中学受験も含め、様々な優遇措置や参加要件に「英検〇級以上」などと言っているため、保護者が気にしないわけにはいかないという現実があります。

英検以外の英語テストを推奨する方もいるようですが、上記の理由によりあまり浸透していませんし、浸透してい

ない事を娘たちにわざわざさせる必要もないと考えていたため、私は他のテストを受けさせることはしませんでした。

　子どもによってはゲームをクリアする感覚を持つようですので、お子さんが合否の結果が出る英検向きか、またはTOEFL Junior のようなスコアで出るテスト向きか判断すると良いでしょう。

　ここまでの英検は、日頃からやっていることで対応できたので、テストの受け方と過去問だけ練習していました。

　プリスクールやおうち英語の子の場合、スピーキングやリスニングは日頃から慣れ親しんでいると思うので、差が出るのはおそらくリーディングとライティングだと思います。リーディングに関しては、二人は本を読んでいただけです。

　ライティングは親の英語力が高くないとチェックができないため、私のような英語力に不安がある親御さんの場合、簡単で安いオンライン英会話などを利用して、書いたものを見てもらったりすると良いと思います。

第 3 章

小学校時代

小1 —— 1年生は大変！

　私たちは地元の公立小学校に通い始めた。英語の保育園と家でのおうち英語により、日本語で話すことに慣れていなかった私たちは、入学した当時、先生やクラスメイトとは最低限のことしか話さなかった。

　しかも私は自己紹介をするときに緊張しすぎて、「ヨロシクオネガイシマス」とおかしな日本語で挨拶をしたせいもあってか、クラスメイトの女の子に「トワちゃんって、ハーフなの？」と聞かれてびっくりしたことを今も覚えている。

　学校に行って一番困ったのは、みんなが話すスピードに頭が追いつかない上、先生と話すときには丁寧語を使わないといけないということ。それまでは日本語で話すのは、主に家族とだけで、カジュアルな話し方に慣れていたため、「〜です」「〜ます」を語尾につけることを意識しながら話すのが難しかった。帰国生の友達に聞くと、みんなもだいたいこれを経験しているらしい。

　担任の先生は、私がついていけない時に簡単な英語に言い換えてくれることもあった。外国籍の転校生が来たときには、私（トワ）と彼女を先生は放課後に対応してくれたりもしていた。こんな児童の面倒を見る先生も大変だっただろうな……と、今

も感謝している。

　しかし小学校にいる間はずっと日本語のシャワーを浴びているため、このままだと英語を忘れてしまうだろうと母は焦っていたそうだ。英語をペラペラ話せる帰国生でも忘れるのは早いため、英語と日本語のバランスをすごく気にしていたのだと後から聞かされた。

 母からの解説

　おうち英語は継続しながらも小学校入学に向けて、年長の後半からは母親の私も日本語で話す割合を増やし、ひらがなの練習や日本語での読書もしていきましたが、正直ここまで二人が大変だと思っていたとは知りませんでした。二人の話を聞くとやはり**母親の話す言語や環境とのバランスは大切**だと実感しています。

　海外から帰国されたご家庭でも、まずは日本の生活や小学校に慣れることが先、と思っているうちに時間が経ってしまったり、インターナショナルスクールに通っていても、英語のインプット・アウトプットの時間が減ったために、すっかり英語を忘れてしまった……という話はよく聞いていました。
　そのため小学校に上がっても、英語に触れる時間を確保し、ルーティンにすることが大事だと思っていました。発音の良さは後まで残りますが、話す力はすぐに落ちるので、**年齢とレベルに合わせた内容で、細くとも長く継続するこ**

とを意識していました。

オンラインレッスンを始める

　小学校に入って始めたことの一つ、1回25分で毎日行うオンラインの英語のレッスンは、私たちにとってアウトプットする、いい機会だった。

　オンライン英会話にも色々と教材が用意されていたが、この頃はそれらを使った記憶がほとんどない。レッスンでは、母がライティングやリーディング、Math のワークブックなどを事前に先生に送り、それを教材にして教えてもらっていた。

　教材はすべて私たちと同じ年齢の子（G1〜G2）が使うアメリカのものを使用し、Spectrum の「Language Arts」「Reading Comprehension」などのシリーズや、「Flash Kids」（算数「word problems」）シリーズ、「Scholastic」シリーズを主に使っていた。Flash Kids と Scholastic のシリーズにはシールがついていて、1ページ終わるとシールを選んで貼ることができたので、ちょっとしたごほうび感覚で毎日楽しく行うことができた。

　例えば、算数の文章題（word problem）には、こんな問題が載っている。

【Allan has two peaches and Jake has four peaches. How many peaches do Allan and Jake have together?】（アランは桃を2個、ジェイクは桃を4個持っています。アランとジェイクは合わせて何個の桃

を持っているのでしょうか？)

　このように、日本の小学1年生の算数の教科書にも載っているような問題をよく解いていた。

　時間に関する問題では、アメリカと日本で大きな違いがあり混乱しやすかった。例えば日本語でいう7時30分は英語では「Half past seven」という。Halfは30分、quarterは15分のことだと知らなければ、問題が理解できない。「8時10分」も10 past 8という表記になることもある。Word problemでは、21をTwenty-oneというように数字を文字で表記する場合もあるので、覚えやすかった。

　レッスンは主にフィリピンの先生だったが、発音のきれいな人気のある先生とよくレッスンしていた。人気のある先生の予約が取れたときにはレッスン後に、「次もあなたとレッスンしたいけれど、いつ予約できるようになりますか？」と英語で聞いて、(どちらかというと母に言わされて)教えてもらっていた。母がその時間になると予約をしていたそうだ。

 母からの解説

　オンラインレッスンは色々体験してみましたが、月に何回というよりも**短時間でも毎日続けることが一番効果的**だと感じました。何人か相性の良い先生といい関係をキープできれば、子どもも安心し嫌がらずに毎日行ってくれますし、中には次のレッスン枠を優先的に空けてくれる先生も

います（先生側でも、色々な生徒に対応するより、慣れている・相性が良い生徒のほうがいいという考えの方もいるようです）。

　オンラインでは、自分の子どもたちに今必要なことを意識し、子どもたちのレベルに合わせた教材を使ってもらうようにしました。そのため、用意されているオンラインの教材の中から選ぶことは最初から考えませんでした。

　算数を英語でも行うことにしたのは、私が英語では絶対に教えられないと思ったからです。普通の算数のワークブックでは、「3 + 5 =　」のような問題が書かれているものが多かったので、文章題をメインに選ぶことで、言い方だけでなく算数で使う用語や時計の読み方も覚えられたようです。

　ワークブックでなくても、今はネット上で検索すれば無料のプリントがたくさん手に入ります。我が家は自分で探してプリントする時間があまり取れなかったのでワークブックを使いましたが、アメリカらしいデザインのシールがついていたり、カラフルでバラバラにならず管理しやすい部分では利点がありました。もちろん算数やライティングばかりでは疲れてしまうので、時にはフリートークをしたり、ゲーム等を先生に依頼して毎日休まず行っていました。

　もっと小さい年齢のお子さんにオンラインレッスンを考えているご家庭もあるかと思いますが、最初からお子さんだけ座らせず、お母さんも一緒に会話に参加するほうがお子さんは安心でき、次第に一人でも楽しめるようになりま

す。お母さんが英語ペラペラでなくても、一緒に楽しむ姿勢を見せるだけで英語に抵抗感が生まれにくいと思います。

ヤングアメリカンズのワークショップ

　1年生から4年生まで参加していた「ヤングアメリカンズ（以下、YA）」は、アメリカ人の若者の団体により行われているワークショップで、1962年に始まり、世界中をツアーして活動している。私たちが参加した「ヤングアメリカンズ」は「HEART Global」とプログラム名が変わったのだが今も活動を続けている。現在はアメリカ人以外にも、色々な国籍のメンバーで構成されている。

　コロナ以降は「Global E-workshop」というオンライン型のワークショップも開催されるようになったが、私たちがいつも参加していたのは「ミュージック・アウトリーチ」という名で年に数回行われる対面型のワークショップだった。彼らが小学生から高校生までの参加者に歌、ダンス、演技を3日かけて指導し、最終日にステージで親などの観客に披露する。会場によっては、開催されるたびにすぐにいっぱいになってしまうほど人気らしい。

　歌や踊りではオーディションで選ばれた人にソロのパートがもらえる。みんなYAメンバーの前で歌やダンスを披露してアピールするのだが、私たちもレディー・ガガやビヨンセなどの曲を歌ってソロパートがもらえたためメンバーとマンツーマンでレッスンする機会があった。

特にダンスのレッスンは本格的だった。何曲もの振り付けを覚えるために、年齢や性別によって様々なグループに分かれて練習をする。参加者の中には英語があまり得意でない人もいたが、日本人のYAメンバーが通訳として活躍することが多く、そのおかげでちゃんと皆レッスンについていけていたようだった。

　YAのメンバーは参加者の家でホームステイするので、私たち家族もボランティアとして応募してみた。朝から夜まで一緒にいるので距離が縮まり、ワークショップ中もこちらに積極的に話しかけてくれて、とてもフレンドリーに接してくれた記憶が今も残っている。英語初心者であれば簡単な挨拶やフレーズを学べるし、ある程度話せるのであれば、お互いのプライベートや文化について聞くなど、楽しい会話ができたりする。

　このように、3日間ひたすら英語に触れ合う経験を通して、「英語って楽しい」という感覚が生まれるのではないかと思う。英語を話すことでYAメンバーや他の参加者と交流し、友達ができるきっかけにもなった。

 モア

　ソロパートのオーディションで、歌ったり踊ったりしてアピールすることは、自信や度胸が必要だ。しかし、もともと私はそこまで堂々とふるまえる性格ではなく、自ら進んで何かをするようなタイプではなかった。ステージに立ち人前で演じる機会はなかなかないからこそ、YAは貴重な体験になった。自信をつけられることが、このワークショップのメリットの一つだ

と思う。

 母からの解説

　YA は全国で行われる人気のあるワークショップで、コロナ禍でしばらくお休みしていたようですが、最近はまたツアーが始まったようです。ワークショップの楽しみは、なんといっても今までの練習の成果が見られる最後のショーですが、特にソロパートでは子どもの雄姿を見ることができるため、子どもたちと歌のセレクトから練習まで、夜お風呂に入っているときに一緒にしていました。

　また、ホストファミリーは完全に無償のボランティアで、食事の他にも毎日の送迎やお弁当の用意もしなければなりません。でも、3、4 日という短い期間でも海外の方を受け入れることで、家族以外と英語で会話するという経験はもちろん、生活習慣や文化の違いも学べるチャンスだと思っていました（途中にお休みがあるスケジュールのある場合は、YA メンバーと一緒に一日過ごす場合もあり、我が家は他のホストファミリーと皆で浅草観光に行きました）。

　他にもホストは優先的に舞台の前列で観覧できるというメリットもありますし、最終日にお別れの場所まで送っていき、ゆっくり色々な YA と写真を撮ったりお話したりすることができるのも、ホストファミリーならではの経験です。

英語教室で英語の環境をつくる

　当時は色々と体験レッスンを受けていたが、その一つとして土曜日にレッスンのある英語のスクールに通うことになった。ここでは自信を持ってみんなと話せたので、毎週通うことが楽しみだった。

　参加することになったクラスは帰国生のクラスで、授業では国語（英語のこと）や化学、地理、生物学、ポルトガル語など、日本の小学校のように様々な教科があった。

　けれど日本の小学校とは違い、1回の長いレッスンの中で色々なことを行った。例えば世界地図を学んでいるときはマグネットで地図を作ったり、生物学であれば実際に庭から取ってきた花を使ったりするなど、体験を通して学ぶことが重視されていた。他にも、クラスメイトとのディスカッションやプレゼンテーションなど、クラス全体と関わる機会や自分の意見をみんなの前で発表する機会が多くあった。

　先生が言うことをただノートに書き写す作業はほとんどなかった。小さかった私たちにもちゃんと伝わるように工夫されていたから、内容が難しくてもレッスンはいつも楽しかった。

　後に中1になって学校の教科書を読んでみたとき、「あれ？」と思った。すでにこの英語教室で学んだ内容が載っていたからだ。実はこのとき習ったことは、日本の教科書では中学校に入ってから学ぶ内容だったのだ。それに気づかないまま身についていたのはすごいことだと思う。

母からの解説

　小学校入学前から入学後の英語環境作りについて調べ始め、気になるところは色々と体験させました。たくさんの英語スクールがあっても、考えに合うところを探すのはなかなか大変だったのです。

　選ぶ際のポイントとして、以下の3つがあります。

①子ども（レベルも含め）に合う内容か？
　（英語を習うのではなく、英語で学べるところ）
②子どもが楽しめるか？
③費用に見合う効果があるか？

　①レベルや内容が自分の子どもに合っていないと、②楽しくないので効果は薄く、③費用ばかりかかって時間もお金も勿体ないと思ったからです。

　①〜③を考えて、数ある英語教室から一番条件の合っているところを選びました。このスクールは初めて英語を習う子はもちろん、帰国生などのすでに英語力がある子に向けたクラスも用意されていました。クラスの体験をする前にスピーキングとライティングのテストを受けることで、ネイティブによる客観的なレベルの判断もしてもらえ、その後同じレベル感の同年代の子が参加するクラスに入ることですべてクリアになりました。

　自宅を中心に英語を学んでいる家族で、お友達と英語で

遊ばせる経験をさせたいと思っている方も多いと思います
が、ここで仲良くなったクラスメイトとは、教室以外でも
スリープオーバー（お泊まり会）やプレイデイト（一緒に遊
ぶ）をしたりしていたので、そういった経験という意味で
も③の効果もあったと思います。

「週に１度ではあまり効果がないのでは？」と思ってい
るお母さんから相談されたことがあります。中学受験が終
わった今では再会し、子どもたちだけで出かけたりと、今
も関係が続いています。またサマースクールがある夏には、
娘たちは英語のアシスタントとしてこちらの教室にボラン
ティアで参加させてもらったりするなど、良い出会いをい
ただけたと思っています。

　そういう意味でも週に１回の英語教室でも意味のある
ものになったので、選び方によるのではないでしょうか
（こちらには小１から小４の春までお世話になりました）。

インターナショナルスクールのフェスティバル

　母はインターナショナルスクール等で行われるお祭りがある
と、何度か連れていってくれた。そこでは色々なゲームやフェ
イスペインティングなどに参加ができ、ゲームでは海外の景品
で見るような、カラフルでチープなおもちゃがたくさんもらえ
た。

　ゲームの説明をしてくれたり取り仕切ったりしているのはそ
の学校の学生で、皆学校の共通言語である英語で話してくれる。
各国の出身者の保護者が作る食べ物のブースや、お化け屋敷、

バザー、豪華な景品の当たるくじもあった。英語を話す環境にいることで、海外にいるかのように感じて面白かった。

このようなフェスティバルには、私たちと同い年かもっと小さいくらいの在校生や家族が来ているので、さらに外国っぽくなり、普段日本の学校に通っている私たちには新鮮だった。

このようなフェスティバルに行くと、だいたい古本売り場のようなブースがあるので、毎回立ち寄るようにしていた。年齢に合うような本が見つからない時もあるが、中には掘り出し物があったりするので、もし近くでこのような国際的なイベントがあるときは参加するといいかもしれない。

アメリカ英語とイギリス英語は混ぜないほうがよい

小学校に入ってからも、時間があれば本を読んでいた。家には色々と買った本が置いてあったし、近くの図書館にもよく行っていた。遠くにある洋書が多い図書館にわざわざ行き、そこに何時間もいるのが当たり前だった。それくらい私たちにとって、本は身近な存在だった。

私たちは小さい頃、主にアメリカの本や教材を使っていたらしいが、日本でも有名なイギリスの絵本シリーズ「Oxford Reading Tree」（以下、ORT）の本を読んでいた時期もあった。当時はイギリス英語とアメリカ英語の違いがよくわからなかったので、小さいころは tin と can とは違うものだと思っていたり、colour と color のどちらが正しいか迷ったりしていた。小学校高学年くらいでエッセイを書いたときに、イギリス英語とアメリカ英語を混ぜて使ってしまい、英語塾の先生に指摘され

たことがあった。

　そういうことがないように、きちんとその違いが理解できるまでは、アメリカ英語とイギリス英語の本や教材は併用せず、なるべくどちらかに統一したほうがいいような気がする（今でもそのような思いをすることがある）。さらに、この年齢にまでなると、本の読み聞かせをしてくれる人はいないため、読んでいる本に知らない言葉が出てくると、自分の感覚を頼りに読み方を解釈していた。だが、間違った読み方で覚えてしまうことがあり、高校生になった今でも「その言い方違うよ」と指摘されてしまうことがある。分からない言葉の発音を調べる習慣は、小学生のうちに身につけるべきだと思う。

 母からの解説

　我が家では入手のしやすさから、基本的にはアメリカの絵本や教材を使用していたのですが、有名な ORT は先輩ママさんのブログなどでもよくおすすめされているため、私も読み聞かせなどをしていた時期がありました。子どもたちはこんなことを思っていたのですね……。

　日本で英語を学ぶ場合は帰国生とは違い、色々な教材や音源は自分で選択するため、アメリカ英語とイギリス英語、またはオーストラリアなどの英語のミックスはよくやることかもしれません（私自身も、保育園にいたアメリカ人やイギリス人のネイティブの先生たちが使う英単語や言い回しが異なっているのを聞いて、実際に自分が使う時、どちらを使えばよいのかわからなくなった経験がありました）。

キッザニアの英語プログラムに参加

　キッザニアは、子ども用に作られた小さな街で、子どもたちの職業体験ができる、子どもが主役のテーマパーク。キッザニアには、「E@K Activity」や「English Wednesday!」など英語で行われる様々なプログラムがあり、私たちはその中でもEAP（English Activities Program）というものに参加していた。

　EAPナビゲーターと呼ばれている外国人スタッフがグループごとについてきて、英語でアクティビティを一緒に行うといった内容で、初心者、ネイティブレベルの両方に対応している。キッザニアで使うお金（キッゾ）を英語で数えたり、基本的な挨拶も、職業体験の説明もすべて英語でスタッフが行う。さらに、自分で作ったピザなどの昼食もついていて、ランチ中にはスタッフと英語で会話して過ごすこともできる。

　ツアーのようにスケジュールが決まっているので、時間が有効に使えるところがメリットだ（やりたいことが選べない点は残念）。私たちはなんといっても英語で仕事ができ、お金をもらってそのお金がたまると買い物ができるというところが面白くて何度も参加していた。6人くらいで回るため、少人数で行くと知らない人たちとグループになって行うことになるので、英語を話す友達と一緒に参加したほうが楽しめると思う。外国人スタッフはとても優しく、私たちの様子を見ながら会話のレベルを調整していた印象が残っている。

 母からの解説

　キッザニアは小学生になってから、3年生くらいまでは

よく遊びに行っていました。普通に参加するのは仕事が選べるのでよいのですが、人気のある仕事だとなかなか予約するのが難しく、親が子どもにやりたい仕事を聞いてうまく回れるように率先して考える必要があるので大変です。

その点、EAP は事前に申し込みをしていれば、色々なところに走り回る必要もなく、事前にどんな仕事ができるのかもわかります。ランチやグループ写真ももらえ、何より英語で体験ができるという点が魅力です。英語教室などで団体として申し込みすることもできたので、私たちも英語教室のお友達とグループ登録をして申し込んだこともあります。メンバーが揃えば一番楽しめる形だと思いますし、おうち英語をしている方達が集まってプレイデイトの場としても楽しめます。

ホストファミリーになる

私たちが幼稚園〜小学校低学年の頃、YA メンバー以外にアメリカやスウェーデンからの学生など、4 人のホストファミリーになったことがある。滞在している期間はそれぞれ違ったが、みんな短い日数でスウェーデンから来た学生は、今の私たちとほとんど同じ歳の女性で 2 週間くらい滞在していた。

平日はみんな予定があるため会う時間が少ないが、夜の食事では自分の国や家族の事、一日何をしたのかなど話してくれたり、その後は一緒にボードゲームをしたり絵本を読んでくれた。週末も滞在している場合は、近くの観光スポットに一緒にでかけたこともある。

私たちは二人とも人見知りな性格だったので、自分から積極的に話しかけることは少なかったのだが、私たちが英語を話すことがわかると、彼らからよく話しかけてくれていた。話す度にその人の国について想像したり、住んでいる場所に行ってみたいという気持ちになった。

　全員短期間しかいなかったため、覚えていることは正直あまり多くはない。ホストファミリーができるなら、できれば長期間の方が英語を生活の中で学ぶ上では効果的だとは思う。しかし当時、小さいながらに、どこの国の人であっても英語を話すことは当たり前なんだと感じたのはよく覚えている。

 母からの解説

　子供達が小さい頃からずっとホストファミリーになる経験をしてみたいと思っていましたので、大学での募集や団体などを検索し、「Homestay in Japan」という団体に登録することにしました。通年募集があるようですが、夏休みなどは特に募集が多いようです。長期の募集もありますが、我が家は負担のないよう1日〜14日ほど短期で申し込みをしました。

　韓国やスペインなど英語圏以外からくる子もいるため、多くの言語や文化の違いが学べます。同じ家で生活を共にする経験は、子どもたちだけでなく私にも新鮮な発見がありました（スウェーデンの女子学生とは、何年か経って日本で再会する事ができました。それもホストファミリーになる良さですね）。

小1で私たちが好きだった本

📖『I Can Read!』

　レベルにより文章量や内容が違っていて、小さな子でも自分で読めるように作られているシリーズ。保育園時代から読んでいたが、小学校に入ってからもレベルを上げて読んでいた。

　本に出てくるキャラクターは個性豊かで親しみやすく、イラストもわかりやすいので初心者にも読みやすい。同シリーズの中には女の子に人気の Fancy Nancy というシリーズがあるが、主人公 Nancy が一冊につき新しい言葉を1つ紹介してくれるので、私はその言葉をよくメモしていた。

📖『My Weird School』(Dan Gutman)

　毎回くせの強めな新しいキャラクターが登場するところが面白い、学校を舞台にしたお話のシリーズ。タイトルも『Officer Spence Makes No Sense!』や『Mrs. Dole is Out of Control!』など Ryhme（韻）が特徴的。

📖『Rainbow Magic』(Daisy Meadows)

　こちらもシリーズ本。女の子2人組と妖精たちのファンタジー・アドベンチャー。イラストがかわいく、毎回出てくる妖精たちの名前を覚えるのが好きだった。

小1で英検2級に合格！

2014年7月と2015年2月に準2級と2級を受け、合格した。

対策としてやったのは、過去問を使って問題の内容や傾向がどんなものであるかを知ること。

　私たちは日頃から英語を英語で理解しており、頭の中で「日本語→英語」という切り替えをしないため、日本語解説付きの英検用テキストや問題集は使わなかった。

　過去問を何回も繰り返し解くとどんな問題が出るかが想像でき、流れにも慣れるため、緊張することもなく受けることができた。

　英検は3級から準2級、2級に上がると形式が少し変わり、そのとたん問題の難易度も圧倒的に上がった感覚があったので、今まで以上に集中力が必要になっていった。

　リスニングは問題ないが、例えばリーディングで難易度が高い長文が出てくると、一つひとつの問題・文章に集中しないと、裏の意味が伝わらずに間違ったとらえ方をしてしまいそうになることが多かった。もちろん知らない単語も出てくる。ただこれは、前後の文章などを読んで意味を推測できるようになっていった。

　英検は過去問を繰り返し解くのが一番シンプルに点数を上げる方法だと思う。解いて丸つけして終わりにするのではなく、私たちは毎回、母に点数をつけてもらった後は、間違えたところを解説してもらっていた。文章中のどこに答えの根拠があるのか、文法がなぜこうなるのかを、母は解説を見ながら「ルー語」で説明してくれていた。

モア

　私にとって最も難しかったところが、ボキャブラリーとして出てくる言い回しやフレーズだった。これは例えば "Little did I know that 〜" や take over のようなもの。よくこれらの問題で引っ掛かり、総合的な点数に大きく影響してしまっていた。

　look up や put off などのセットで成り立つ言葉はややこしいので、単語のように暗記するしか方法がない気がする。一番楽に頭に入る方法はやはり読書で、これらのフレーズを自然と覚えられる。これらは本でも頻繁に使われるので、読む本の量や内容がとても重要になってくると思う。

　その他にはイディオムという慣用句的なものも難しい。そもそも知らないと意味を当てることが難しいため、英英辞典や類語辞典（thesaurus）などを見て学ぶのもいい。私が特に気に入っていたのは、洋書のイディオム（慣用句）の本を読むこと。イディオムとその意味がたくさん載っている子ども用の本が出版されていて、アメリカの小学生が読むようなレベルになっている。英語を英語で理解している子にとっては、日本語の参考書よりはるかにわかりやすい。

　とにかく過去問と読書が大切。過去問は本人が嫌がってやる気をなくさない程度にするのがいいと思う。私たちは受験前の何か月間か、月1回程度解いていた。

家では英語で遊んでいた

　家での遊びはほとんど英語でやっていた。ボードゲームなどは「The Game of Life」「Guess Who?」「Scrabble」が特に面白

く、よく遊んでいた。

「The Game of Life」は、日本語でいう「人生ゲーム」のことだ。アメリカのものを使っていたため、説明書からカード、ボードゲーム自体に書かれた言葉まで全て英語。ホストファミリーとして外国人を受け入れたときや YA のスタッフを泊めてたときには、この人生ゲームを通して仲良くなれた。人生ゲームでは暮らしに役立ついろんな新しい単語を学んだ。例えば flat や mortgage、pension、priceless を覚え、とても記憶に残っている。

「Scrabble」は意外と複雑なゲームだ。ルールは単純に説明すると、クロスワードパズルを自分で作るような感じ。アルファベットが一つずつ彫られたブロックが、升目がついているボードとセットになっていて、一人７個のブロックをランダムに選ぶ。その限られたブロックを使い、すでにボードに並んでいる言葉の中から１文字選び、その文字を含むようにして縦や横に自分のブロックを単語になるように並べていく。最初に自分の持っているブロック７個すべて使い終わった人の勝ち。

例えば「a、w、f、r、l、c、k」の７文字を持っているとする。前の人が「bush」と横に並べていたとすると、頭文字の b を利用し、「a、c、k」をくっつけて「back」の単語を完成させる。このゲームでは語彙力が高い人ほど有利なので、Scrabble と聞くと皆「頭がいい人」が遊ぶゲームというイメージを持つらしい。ちょっとした脳トレのような感覚で遊べるゲームで、初心者でも、知っている限りの英単語を絞り出して遊ぶのもいい学習だと思う。

他には、動画も活用していた。英語でいろんな分野について
わかりやすく解説し、最後にクイズを出して理解度をチェック
できる Brain POP というアプリを利用したり、英語の科学系
学習アニメ（「Magic School Bus」など）を見たりしていた。

 母からの解説

　今ではゲームといえばテレビゲームや携帯のアプリのゲー
ムかもしれませんが、当時から現在に至るまで、我が家
ではゲームと言えばボードゲームというこだわりがありま
した。

　ボードゲームであればみんなが参加できるため、家族で
楽しむことができます。特に人生ゲームでは、「Opponents
（対戦相手）」など、普段聞きなれない言葉も楽しみながら
学ぶことができますし、日本語版も有名なので、親が英語
が得意でなくても、すぐに遊ぶことができると思います。

　他にも「Guess Who?」は小学校に入る前から遊んでい
ました。"Do they have a hat?"（帽子をかぶっていますか？
／※ They なのはまだ性別がわからないときの質問のため）"Do
you have a mustache?"（ひげはありますか？）など、お互い
に質問して誰かを当てるゲームで、その中で he, she, it,
they の使い方や質問のアレンジを学ぶことができます。

「Scrabble」は子どもたちがまだ小さかったので、本来の
厳格なルールでは行わず、とにかく単語を作ってブロック
を早くなくした人が勝ちとしていました。単語を知らない
とできないゲームですので、子どもたちも語彙力を鍛えた

くなるゲームだったようです。

　英語とは直接関係ないのですが、筒の中に楽しいメッセージを書いたものを何枚も入れ、朝それを1枚、くじのように引いて読むというゲームのようなこともしていました。日々子どもに怒ってしまうことも多々ある中で、少しでも楽しくしたい、お母さんはこんな風に思っているよ、大好きだよといったメッセージを登校前に伝えたかったのです。面白くするためにはずれも入れておいたので、それを引いて学校に行くこともあったのですが……。それはそれで楽しかったようです。

小2 ―― 色々初挑戦

ハワイのサマースクールへ

　2年生になって学校にも慣れてきた頃、夏にハワイのサマースクールに1か月半ほど通うことになった。

　私たちは初めて海外の学校に行くことにワクワクしていた。それまでにハワイのプリスクールに参加したことはあったけれど、現地の小学校の様子は全くわからない。楽しみという感情の中にまじって、日本人だから変な目で見られるのかなという不安もあった。読んでいた本にキャラクターがいじめられるシーンが多かったので、体が小さい上に見た目がアジア人だから周りにいじめられるのではないかと心配し、少しでも現地の子どもたちに馴染めるようにと大量の洋書を読み、自分の英語力を現地の子どもたちに合わせようと渡航前に頑張った記憶がある。

　しかし実際にサマースクールに行き始めると、不安になっていたことを忘れるくらい先生たちが優しく、皆と同じように接してくれて、同い年と年上の友達もすぐにできた。ある意味私たちのほうが「外国人」というレッテルを貼り、他国から来た人を意識しがちなのだと感じた。

　ハワイには日系人を含めて移民が多く、よく考えてみれば日本人が2人いたところで、たいしたことではなかったはずだ。また先生たちはいじめにはとても厳しかったので、皆がちゃん

と協力しながら参加しているかよく確認しながら、授業を進めてくれていた。

📖 授業

　クラスは午前中に2レッスンあり、私たちはサマースクールの前期と後期の2期分参加していたので、生物や化学、国語（ライティング）など計4科目を学んだ。スクールには宿題はない。

　授業の内容は日本の学校と変わらないが、日本の小学校でよくやる黒板の書き写しはしない。先生たちはそもそもホワイトボードを使うことがあまりなかった。プロジェクターで動画を映すときには使っていたが、先生が本を読み上げたり、クラスでディスカッションをしたり、動画（理科では「ナショナル ジオグラフィック」）を流して実験をするなど、授業中はノートをとること以外をメインにやっていた。

　実際に学んだことを行動に移して確認することに重きを置いているところは、小学校との違いを感じた。これは土曜日の英語教室での学び方と似ていたので戸惑いはなく、とても楽しい時間だった。

　詳しく書くと、理科の授業で重力について学んだときには水を入れたバケツを片手で振り回し、水がこぼれないことを生徒たちが一人ずつやってみて確認した。また、圧力を学んだ後には、実際に卵を握ったり、投げて毛布でキャッチしたりするというアクティビティを行った。

　ここで学んだことは日本の学習内容と比べ進んでいて、理科系の科目ではほとんどのちに4・5年生で習うことを行っていた。それを小さい子にもわかりやすく、興味を持てるように工

夫してくれていた。

　一番記憶に残っているのはライティングの授業。ライティングでは、先生が本の読み聞かせをし、その内容から絵日記やエッセイを書くなどの作業をする。サマースクールで書いたエッセイを見返してみると、まあまあ文法の間違いが多く、先生が赤ペンで添削したあとがあちこちにあって、今見返してみるとちょっと恥ずかしい。

　授業中に自分で本の冊子を作るアクティビティをすることがあったが、私は間違えて本の一番後ろのページから書き始めてしまった。日本の本は縦書きでは右から左へと書くことが多いため、洋書とは本の始まりのページが反対であることが普通。私はなぜか縦書きのスタイルで冊子に書き始めてしまったのだ。それに気づいた先生は間違いを指摘してくれたものの、「あ、でも日本では違うよね。じゃあしょうがないね、次から気をつけてね」などと言ってくれたので安心した。

　今考えてみると、日本では違うと知っていたことも含め、すぐに訂正させず、理解を示してくれた先生はすごいと思う。

📖 ランチ

　ランチは毎日持参するのだが、学校には売店がありスクールランチも販売していた。友達が売店でお菓子を買ったり、スクールランチを食べたりしているのを見て羨ましくなり、母にスクールランチを食べてみたいとお願いしたことがある。

　スクールランチは券を売店で購入し、カフェテリアで働くランチレディから昼に受け取って食べるのだが、ランチの内容が日本とだいぶ違っていて面白い。アメリカに住んだことのある

人には懐かしいかもしれないが、例えば、マカロニとチーズの
ワンプレート、ゼリー、ハンバーガーかホットドッグ、セロリ
1本の横にピーナッツバターが添えられたり、ポテトフライな
どの揚げ物が付いたり、パックのジュースや牛乳（甘い物好きな
子はチョコレートミルク）が並んだりしている。

　友達が持ってくるランチは日本の弁当と違って、リンゴ丸ご
ととか、小さい人参などの野菜スティックを袋ごとととか……。
いい意味でおおざっぱな感じだが、自由な感じでとても羨まし
く思えた。母もランチをできるだけ現地風に作ってくれ、バナ
ナやりんごとゼリーは必ずあった気がする。

　たまにランチの定番とされている、子どもに人気のPB&Jの
サンドイッチが入っていて、アメリカらしさを感じられるとこ
ろが好きだった。ちなみに、PB&Jはピーナッツバターとゼリ
ーの略で、この場合のゼリーとはいわゆるジャムのこと。だい
たいグレープ味のジャムが使われる。

　学校のカフェテリアには「ピーナッツフリーテーブル」とい
う席がいくつかある。これは、ピーナッツアレルギーの子ども
たちに配慮してできた席のことで、日本の小学校では見かけな
いシステムだった。

　友達の多くがそこに座らければならなかったので、テーブル
越しに大声で会話したりしていたのも楽しい思い出の一つ。カ
フェテリアではこのような文化の違いに気づくことができた。

📖 学んだこと

　スクールでは授業以外にも多くのことを学んだのだが、ここ
で「日系人」の存在も知った。文学の先生は見た目がアジア人

で、名字も日本人の名前のようだったので、「日本人かも！」と思った私たちは、先生に国籍を聞いてみた。すると先生は「アメリカ人だよ。でもおばあちゃんは日本人だったの」と説明をしてくれた。初めて日系人について知ったので、最初は少し戸惑ったが、「見た目は自分たちと同じなのにアメリカ人なんだ」と思い、アメリカ人でも色々な人種がいることをすんなり受け入れられた。

　他にも、クラスメイトには見た目が日本人に似たアジア系の子も多く、実際に聞くと韓国系、中国系であったり、さらにはインド系の子もいたりしたので、ハワイの学校というのは、人種の多様性を自然に学ぶにはとても良い環境だと思う。

　友達になった子の一人がやはり見た目はアジア人で、お迎えに来るお母さんは白人のようだった。聞くと彼女は Adopted Child（養子）であり、香港から来たのだと本人もお母さんも言っていた。当時、養子について本で読んだことはあっても、実際にその単語を日常生活の中で聞くのは初めてだったので、養子という言葉の意味について、この経験からよく理解できた。

　今考えると、自分が養子であると小さな頃から知っていることも、日本ではなかなか聞かないので驚きだ。ビーチに遊びに行ったとき、仲良くなって一緒に砂遊びをした肌の黒い男の子も両親は白人だった。日本では出会うことがなかった人たちの背景を、先入観や偏見を持たず受け入れることができたのも、私たちがまだ幼かったからだけでなく、これがアメリカ（ハワイ）では特別ではないからなのだろう。

📖 アクティビティ

　学校では、結構頻繁に色々なところに行ったという記憶が残っている。午前中は学校で授業を行い、午後には遠足や水泳などのアクティビティがあった。アイスリンク、ボウリング、トランポリンなど遊びメインの場所がほとんどで、学校のスクールバスに乗って向かう（スクールバスに乗る経験もこの時が初めてだった）。帰ってきたら教室で皆で映画を観たり、高校生か大学生くらいのお姉さんや友達と一緒に校庭で遊んで過ごしたりした。

　遠足のときにハワイで有名なジュース屋さんに立ち寄ったこともある。自分で注文しなければいけなかったが、英語を使ういい機会になったし、慣れないアメリカのお金を間違えずに支払えるかを確認する機会にもなった。そこのジュース屋さんにはその後もよく行っていたが、最初にお店に入った時はものすごく緊張した。

　サマースクールの後期になって日本の子が入ってきた。まだ英語がそれほど理解できていなかったようで、一緒のクラスになったときや校庭で遊んでいるときによくやってきて、私たちに日本語で話しかけては、「なんて言っているの？」と聞きに来ていた。ほかに日本語を話す子がいなかったので教えてあげたりしていた。本人も不安だったのだろうが、英語を上達させたい場合、積極的に話せるように日本人のいない時期や場所を選ぶか、または勉強の要素の少ない遊びがメインのキャンプを選んだほうが楽しめるだろうし、ストレスなく英語や文化を学べると思う。

📖 学校以外でのこと

　私たちのハワイでの生活のタイムスケジュールを説明すると、まず月〜金は朝から夕方まで学校で過ごす（これは日本の小学校のときと同じ）。学校までは毎日母とバスで通い、学校が終わったら部屋に帰って、日本から持ってきた小学校の宿題を毎日やっていた。先生から夏休みの宿題をもらっていたのだ。

　土日は学校がないので、近くのビーチに行って遊んだり、イベントや公園、動物園など、母が調べてきたローカルの子が行くようなところに行って遊んだり、一緒にスーパーに買い物に行ったり……。あとは図書館が学校に行く途中のバス停の近くにあり、そこに週2くらいのペースで通っていた。

　そこの図書館は子ども向けのサマーリーディングチャレンジを行っていて、40冊くらい読むと賞品がもらえるシステムがあった。「Babymouse」や「Geronimo Stilton」などのシリーズ本にはまっていた私たちは、多いときは二人合わせて一気に10冊近く借りていたので、あっという間に図書記録カードが埋まっていき、賞品としてクレヨンやものさし、シール、プラスチックカップ、ブックマーク、マックで使える無料アイス券などをたくさんもらえたことがうれしかった。特にアイス券は暑い日に役に立ち、部屋に帰るついでにマックに寄ってもらうのがちょっとした幸せ。本を大量に読んだだけでこんなにもらえるってお得だな、日本でもこんなサービスがあればいいのにな……と思いながらソフトクリームを食べた。

　このような夏休み中に行うリーディングキャンペーンは、前述した「Barnes & Noble」という書店でもやっていて、専用の

用紙に読んだ本とその本の簡単な要約やおすすめ箇所などを書いてカウンターに持っていくと、年齢ごとにおすすめされている本の中から1冊無料でもらえた。他にも、「○冊買えば1冊無料」などのキャンペーンもやっていたため、これで私たちも何冊分かお得に洋書の買い物をすることができた。これらの本はスクールから帰ってきたあとや休みの日によく読んでいた。

📖 出会い

　すでに書いたようにハワイでは、多くの初めての経験と色々な人との出会いをして、たくさんのことを学んだのだが、その中でも一番の思い出がある。

　それは朝のバスの車内での出来事で、その日は学校が最後の日だった。毎朝同じバスに乗るので、その頃になると、何人かのバスの乗客や運転手さんたちとは顔なじみになっていた。笑顔で挨拶を交わす間柄になった人たちもいたのだが、そういった人たちの中に、ある老夫婦がいた。学校最後の日、バスを降りる直前に「私たち今日で最後なの、じゃあね」と言って降りたのだが、そのときおじいさんは「え？　なんだって？（なんて言ったの？）」と言って驚いている様子だった。私たちがそのままバスを降りて学校まで歩いていると、突然後ろから大きな声で呼び止められ、振り返るとバスで挨拶をしたあのおじいさんだった。

　私たちがバスに忘れ物でもしたのかと驚いていると、「今日が最後ってどういう意味？　君たち地元の子じゃないの？」と尋ねられた。「私たち日本から来たから、帰らないといけないの」と答えると、「そうだったのか！　ここに住んでいる子だ

と思っていたから、最後って言われて気になって降りたんだ。また会えたらいいね」としばらく話した後、おじいさんは母に連絡先を渡し、奥さんと帰っていった。

　日本に帰ってからそのアメリカ人のおじいさん（ダニエルさん夫婦）と私たちは手紙のやりとりやプレゼントの交換などをした。その後再会することはできなかったけれど、ダニエルさんが奥さんの実家があるタイに引っ越しするまでこのやりとりは続いた。

　他にも、部屋のあったコンドミニアムにはプールがあったので、時々そこで遊んでいたのだが、そこで知り合いになった住人のおばさんに泳ぎを教えてもらったりもして、行く先々でハワイの人たちとの交流があった。

📖 ゲーム

　ハワイではいろんなボードゲームを買って、スクールの休み時間中に友達に教わりながら遊んでいた。
「Pictionary」や「Taboo」は言葉で説明しながら進めるゲームのため、語彙力や自分で文章を構成する能力が必要だ。これらのスキルを鍛えるのに役立つと思うので、ぜひおすすめしたい。

 モア

　Pictionaryはよくクラスで遊んでいて、先生も特に気に入っていたゲームだった。与えられた絵について言葉を使って説明し、絵に描いてあるものをみんなに当ててもらうというルールなので、画力はもちろん、語彙力と自分で文章を構成する力が

試されて、とても役に立った。

　他にも「Connect Four」「Twister」（日本でも有名）「Mouse Trap」「Jenga」（これも日本にある）などのゲームがあり、ボードゲームは楽しく現地の子と遊べる方法だった。

 母からの解説

　ハワイのサマースクールに行くことを決めたのは、日本で英語力を維持させるのが大変ということもありましたが、なんといっても英語を使う環境に行き、英語だけでなく文化を含めた多くのことを自然に吸収してほしいという願いからでした。1年生のときは日本での学校生活に慣れることが優先でしたので、2年生の夏というタイミングで実行したのです。

　アメリカのサマースクールを考えるうえでまず気になったのは日程でした。アメリカでは6月に学校が終わるので、サマースクールが始まるのが6月下旬くらいから。そこから1か月以上となると、日本の小学校を長くお休みすることとなるため、教育委員会に相談することにしました。すると、「そのような経験をさせてあげられるならいい機会ですから、ぜひ行ってきてください」と背中を押してもらえたのです。小学校の先生方にも現地の学校に行くことを説明し、夏休みの宿題など課題を先にいただくことにして、長期の休みを取ってハワイに行くことを決めました。

　もちろん皆さんの理解があったからだと感謝していますが、やはりただ遊びに行くのではなく、学ぶことが目的だということと、夏休み明けに遅れをとらないように、小学

校からの課題を現地できちんとやると説明したことも、快く承諾していただけた理由かもしれません。

スクール探しは「Hawaii Summer School」または「Summer Camp G2 ○○（場所）」などと英語で検索すると、たくさん出てきますが、その中で私はHPか日本語ではない、現地の子向けのものから選びました。それまでと同じように、ネイティブの子と同じ体験をすることをベースに考えていたからです。

この計画にかかる費用は我が家にとっては大金であったため、ここでも費用対効果を重視しました。

日本の代理店が募集しているものより、現地のスクールが行っているもので直接申し込むほうがお金はセーブできます。申し込む際にネックになったのは支払い方法で、当時は支払い方法が小切手か送金しかありませんでしたが、現地の代理店に支払いの依頼をしたので、最小限の手数料で申し込むことができました（今は学校にオンラインで直接支払いができます）。

そのあと必要になったのは、書類をそろえること。ツベルクリン反応の結果や、健康診断の書類を出す必要がありました。本来であれば、登校する1週間ほど前にハワイに行って現地の小児科で検査を受け、結果が出るまで何日か待って提出し、登校という流れになります。ですが、そこも少しでも滞在泊数を減らすために、日本でアメリカの学校向けに書類を書いてくれるクリニックを探し、そちら

で作ってもらうことで滞在費を抑えました。

　滞在先に関しては日本の会社に頼るほうが安心だと思い、日本の会社が持っているコンドミニアムに申し込みました。日本語ですべてやりとりできるので安心でした。

　ハワイには土地勘があったため、バス停が目の前でどこにでも行きやすく、スクールにもスムーズに行ける場所を選ぶことに。車を運転するのも良いと思いますが、私は一人で子ども二人を連れているため、私に何かあったら子どもが大変だと思い、車は借りずすべてバスで行動するようにしていました。

　現地の電話番号が必要となったので、ハワイに着いてすぐに安い携帯電話を契約し、その番号を学校に知らせましたが、この現地の番号のおかげで色々な申し込みや、スーパーでの割引などもできて助かりました。普段日本で使用している携帯電話はどこでも使えますが、通話料の問題もあるため、スクール側からは今もローカルのナンバーをリクエストされるかもしれません。

　サマースクールを行っている学校は多くありますが、学校によってその中身は様々。ハワイで有名な私立校、プナホウスクールやイオラニスクールなどもありましたが、子どもたちが参加したセントアンドリュース・プライオリースクールは普段は女子校であるということもあり、お友達が作りやすいのではないかと思ったのが一番の決め手です。やはりサマースクールも女の子のほうが多かったようで、学年も様々な多くの友達を作ることができました。

1ターム内に2レッスンなど自分でスケジュール見て申し込みをし、お昼で帰ることも可能ですが、午後のアクティビティ（遊びが中心）にも申し込むことで、勉強と遊びを両方楽しむことができ、色々なところに連れていってもらえます。

　バスでの移動になるため、通いやすさもスクールを選ぶ基準でしたが、この学校はホノルルのダウンタウンにあり、バスの乗り換えなしで滞在していたコンドミニアムが目の前のバス停から20分ほどで通える場所にありました。

　帰り道に子どもたちがスクールでの授業内容を教えてくれるのですが、どれもが楽しそうで、何の教科を習ったという意識はあまりないようでした。しかし、そんなゆったりとした中でも、たくさんの文化や言葉、その意味を吸収しています。

　例えばスクールで「丸いものを見つけよう」といったテーマの文章を書いたときには、モアは文と絵で「I see a fire detector.（火災報知器が見えます）」と書いていました。日本にいる間に私が一度も教えたこともなく、普段も使うことがないような言葉を彼女たちがこんな短期間に理解していたことに驚きました。

　1か月半弱通っただけで、これだけの学びを得られたのも、やはりおうち英語をやってきたことで、英語の環境に違和感なくすぐに溶け込める素地があったおかげだと思っています。普段日本の公立小学校に通っている我が家にとって、このような経験により多くのことが学べたサマース

クールは、非常に価値があったと思っています。

　ちなみにサマースクールではなく、サマーキャンプやサマーファンといった名前のプログラムも多く見られます。サマーキャンプは名前の通り、宿泊型のキャンプで、テントやキャビンで夜を過ごし、キャンプファイヤーなど宿泊ならではの活動も楽しめます。日中にはプールやスポーツなどみんなで一緒に遊んだり、どこかに出かけたりと様々なアクティビティが経験できるのが魅力です。

　サマーファンもキャンプと同様、机に向かう勉強ではなく遊びがメインのため、英語力はあまり心配しなくてもいいようなプログラムになっているものが数多くあります。日本の夏休みに合わせたスケジュールになっているものも多いため、参加しやすいプログラムは多数見つかりますが、その分、日本からも多くのお子さんが参加されているようです。

　スクール以外の生活についてお話しすると、ハワイはバス網が発達しているので、定期券を購入すれば、様々な場所に安く行くことができます。

　ハワイのお店でよく見かけるサインボードを作る有名な職人さんに看板を依頼したときには、その方が住む田舎街まで2時間かけてバスで行きました。道中の街の風景を車窓から眺めたり、途中下車したりを楽しむことができたのも、バスの定期券があったからこそ。普通の観光とはひと味違う経験ができました。

　ハワイでも本を読むことが推奨されているので、夏の間

にはリーディングのイベントも多く行われています。書店
や図書館では絵本の読み聞かせやイベントを行っています
し、前述の子どもたちが参加した図書館や書店でのリーディ
ングプログラムは大変おすすめなものの一つです。

　図書館はアメリカでの住所やパスポートなどの身分証明、
日本の住所などを記入し、カードを作ってもらいます（当
時 10 ドルくらいはかかりました）。するとローカルの方と同じ
ように本や DVD（DVD は 1 回 1 ドルでした）を借りること
ができました。おうち英語をされている方がハワイに長期
滞在される際には、ぜひ訪れてほしい場所です。

　ちなみに少しではありますが、大人向けの日本の文庫本
も置いてあります。

「Hawaii チルドレンズ ディスカバリーセンター」という
子どもが遊べる場所の横で、子ども向けのフリーマーケッ
トをやるという情報を知った私たちが向かうと、そこにた
またま出品者として来ていたのが、スクールで一緒のクラ
スメイトだったため、子どもたちは大喜び！　その子に売
り物のぬいぐるみをもらったり、「これはいくらですか？」
などとお店の人とやりとりしたり、お金を数えて渡したり
するなど、いい経験でした（Hawaii チルドレンズ ディスカ
バリーセンターは子ども向けのお仕事ごっこが楽しめるような施設で
大変良い所なのですが、そこに行くまでの周辺は当時治安が悪い地
域と言われており、正直とても怖かったです……。また、閉まる時
間も大変早い {火〜金（月曜休み）：9：00 〜 13：00、土日 10：
00 〜 15：00} ので注意してください）。

他にも日曜日に無料になる美術館のイベントに出かけたり、アロハスタジアム（現在は建て替えのため閉場されているが、2026年にリニューアルされる予定）という球場で行われる夏の間限定で行われる大型の移動遊園地に遊びに行ったりもしました。車がないために大変ではありましたが、ローカルにまじって一緒に遊ぶ・学ぶ経験を多くできたと思います。

・サマースクール参加費用6週間：$2,050（2セッション＋午後のアクティビティ/人）

　※組み合わせ方によってもっと安くなります

・登録代行料：$75/人＋ハワイ州税

・飛行機代：大人1名子ども2名　約27万円

・コンドミニアム：（ワイキキにある高層型コンドミニアム・studio1ルーム）6週間　計$3,095（税/諸費用込み）

　部屋は以前ハワイのプリスクールの時にお世話になった日本の業者を通して借りました。しかし今回借りた部屋はカーテンはボロボロ、食器も少なくあまりきれいではありませんでした。ただここの良さはプールがあることと、立地の良さ、そしてラナイと呼ばれるベランダがかなり広かったこと。朝食などはこのラナイに置いてあるテーブルで食べていました。部屋によって内装が違うので、代理店による部分が大きいです（もちろん金額も）。ホテルのようなところもあれば、アパートのようなところもあり、当時この金額はかなり安いレートでした。

・海外旅行保険：損保ジャパンの「off!」はネットで申し

込みができて比較的安かったです。

・参加前のツベルクリン検査や検診：米国医師免許を持つ医師のいる東京のクリニックで受診（現在は閉院）

・現地での移動：主にバスの定期券　当時は大人 60 ドルほどで子どもは半額。セブン‐イレブンや Food land スーパーで購入可能（これがあればほとんどどこでも行けるので、滞在が長い方は必須）

・携帯電話：アラモアナセンター内の AT&T で一番安いプリペイド式を購入

・食事：今回も基本的に日本から持参したパックのお米や缶詰、海苔や調味料で料理をしていましたが、お弁当は日本的なものを作るのは大変。そのためおにぎりやサンドイッチとバナナ、りんごなどを持たせていました。日本からは水筒も持っていきました。他にもそうめんやめんつゆ、缶詰なども持っていくと便利。しかし牛肉や豚などのエキスが入っている食品（例えばカレーのレトルトパックやカップ麺など）は持ち込み禁止のため注意が必要。スーパーだけでなく、朝市やファーマーズマーケットで野菜や果物を購入し、日本と同じような食生活を心がけました。

・現地で必要と言われた文具：あまりお金のかかるものは必要なく、指定されたノートやファイルなどは現地のスーパーで普通に購入できるものでした

キッザニア英語スピーチコンテストに参加

　日本に帰国してしばらくした頃、母がキッザニアで開催されている英語スピーチコンテストを見つけて応募した。スピーチ部門とパフォーマンス部門があったのだが、何で参加しようか、という話になり、パフォーマンス部門で応募し、サマースクールのライティングの授業中に作ったオリジナルストーリーを発表することにした。

　スクールでは『The Gingerbread Man（ジンジャーブレッドマン）』という物語のパロディを自分たちで作ってみよう、というお題に沿って書いたため、タイトルは『The Runaway Birthday Cake』とつけた。私たちが以前描いた登場人物のイラストをもっと拡大してきれいに描き直し、ペープサート（紙人形）にしてお話とともに見せるのだ。

　まず予選のために内容を動画にして提出するのだが、その動画の撮影が大変だったことを覚えている。リビングルームで最初の挨拶から終わりの礼まで通して行うのだが、私たちのどちらかがセリフを忘れるとまた撮り直さなければならないので、最後の最後でどちらかが言い間違いをしたときの絶望感がものすごかったことが忘れられない。

　その後、私たちは予選を通過して決勝大会が東京のキッザニアで行われるということを母から聞いた。その後は練習を重ねていたおかげで、スピーチコンテスト本番でステージに立ったときもあまり緊張は感じなかった。参加者の中には、年長の子どもから小学校高学年くらいの子どもまでいて、舞台裏で他の子どもたちに囲まれて待機していたときのほうが、かえって緊

張していたような気がする。

　優秀賞の発表のとき、私たちの名前が呼ばれた瞬間はものすごくうれしかった半面、「もっと頑張っていれば1位だったかもしれない！」と少し悔しかった。記憶の中ではそれが初めて応募し、初めて賞をもらえたコンテストだった。

 母からの解説

　ハワイから帰ってきてからは、また日常が戻っていたため、何かイベントがないかと探しているところでたまたま見つけたのが、このスピーチコンテストでした。

　日頃から英語に触れる機会を作りたくて、よくイベントなどを検索していたのですが、キッザニアは普段からよく行っていたので、「予選に通過すればキッザニアに行ける！」と、子どもたちも張り切ってペープサート作りをしていました。

　このコンテストは発音や英語力を見るということよりも、アピールする力、表現力などが重視されているようでしたので、楽しく挑戦できると思います。

　このような英語を使ったイベントを探して参加することで、少しでもアウトプットする場所を作るようにしていました。

小2で私たちが読んだ本や使ったワークブック

『Geronimo Stilton』や『Babymouse』『Bad Kitty』シリーズにはまっていた。

おすすめする点としては3つともすべてたくさん絵が含まれている点だ。絵本と文字のみの小説の間くらい。特に Geronimo Stilton は言葉も絵になっているから、英語の意味がわからなくてもイラストでだいたい想像がつく。

　例えば、「Furious」という言葉は文字が赤くなっていて、炎に見立てたような感じに描かれている。文中の内容とイラストを見れば、なんとなく「怒り」という意味だとわかる。そんな理解力を高めてくれるいい本で、そのおかげか、言葉を見るとたまに色やイラストが一緒に見える気がする。

　一方、Babymouse は漫画、Bad Kitty は絵本に似せた形で書かれているちょっと変わった本。私たちは気に入った本のシリーズがあるとシリーズ全部を図書館で借りるスタイルで本を探して読んでいたおかげで読書量が多くなり、語彙もどんどん増えていった。

　ワークブックは『Spectrum Writing/Math/Vocabulary Grade 3』（この3つは別冊子になっている）や Brighter Child の『English & Grammar: Grade 3』『Master Skills Spelling: Grade 4』などを使っていた。スペリングはたぶんわざと4年生用などのテキストを母が買い、レベルが1、2学年上のものを使うようにしていた。

小3 —— 本が友達

アメリカ人ではなかった母

　小3に上がる頃は、母はまだ私たちと話すときはある程度英語を使っていた（割合としては英語と日本語が2：8くらい）が、その前からだんだんと母の英語の言い間違いに気づくことが多くなってきていた。

　母が長い本を読むときにつまずいたり、ちょっとしたイントネーションの違いがあったりすることにはもう慣れていたが、多いなと感じるようになったのは文法の間違い。例えば、"You and I" ではなく "Me and you" と言ったり、「Through のスペルって何だっけ？」と母に聞かれたりすると、やっぱり戸惑う。当時国語の先生が漢字を書き間違えたときと同じくらい衝撃的だった。

　モアは小さい頃、母はアメリカ人だというとんでもない勘違いをしていたくらいだから、そのためいくら母が日本人だと分かっていても、教える側としては、英語は完璧にできるはずだとその頃までではずっと思っていた。

　それまでは母の間違いをあまり指摘することがなかったが、こうして少しずつ私たちが指摘することが多くなったせいもあって、気づけば母は全く英語をしゃべらなくなっていた。そのため私たちから話しかけるときは英語を使うけれど、母からの返事は日本語で返ってくるという、少し変わった会話の方法が

ずっと続いていたのだ。

　授業参観日に両親が来ていつも通りに話していると、クラスメイトに「お母さんも英語がしゃべれるの？」とよく聞かれる。そう言われると、「そうだよ」と答えたくなるのだけれど、よくよく考えてみると実際はそこまで英語力が高くないんだよ……と感じていた。

　他にこの頃変わったことといえば、いつも Mommy と呼んでいた母のことを、Mom と言うようになった。実際に呼び方が変わった日のことはあまり思い出せない。しかし母がある日突然「Mommy は小さい子どもが使う言い方だし、もう大きくなったから Mom と呼んでね」というようなことを言った記憶は残っている。

　そこから私たちは母のことを Mom や Mum（イギリス版の「母」の呼び方。少し発音が違うだけ）と呼ぶようになり、一方で、Mommy と Daddy は小さい子が使う呼び方だとたぶん気づいていない父に対しては、今も変わらずダディと呼んでいる……。

　相変わらず私たちは日本語が苦手だった。そして、相変わらず姉妹間では英語のみで会話をする（そもそも、モアに対して日本語を初めて使ったのは 6 年生か中学生になったときだった）。常に英語で、ほぼ「英語＝母国語」という感覚でいた。それほど私たちにとって英語が大切な言語になっていたということだ。

　日本語に関しては、どちらかと言えば私（トワ）のほうが上達していた。言葉の理解度や語彙力に差が出た理由は、私たちの性格にあったかもしれない。二人ともシャイな性格だが、比較的友達を作りやすく、周りに声をかけたりかけてもらったり

することが多かったのは私（トワ）のほう。私はクラスメイトとの会話中に知らない日本語が出ると「それってどういう意味？」と聞いて教えてもらうなど、友達と多く関わっていた。帰り道でモアによく「今日新しい日本語習ったけど、〜ってどういう意味かわかる？」という自慢をしていた。

　逆にモアは、休み時間中に全員が外で遊んでいても一人でひたすら読書をしていた。さらにこの頃はよくフード付きジャケットを着ていて、集合写真を見ると一人だけフードを被って笑顔なしの表情で写っている、そんな感じの典型的な人見知りだった。

　読書に最も没頭していた時期だとも言えるこの一年間のおかげで彼女の英語力はぐっと成長したが、異常にバリアを張っていたせいで皆が話しかけづらくなり、日本語力が落ちたのかもしれない。言葉の使い方の間違いを周りに指摘されることが嫌で話さなくなったところもあったらしい。

 モア

　トワと違って人との関わり方が少しぎこちない私にとって、本は友達の代わりの存在だった。小学校の昼休み中も友達と遊んだりしゃべったりするより、だいたい一人でひたすら机に向かって読書することのほうが多かった。このため1週間に1冊以上の本を読破していた。周りからしてみたら、殻にとじこもってひたすら本を読み続けるヤバい奴に見えたかもしれないが、ポジティブな視点から見れば、さらに英語力を伸ばす結果になった気がする。

　その一方で、トワの日本語力がどんどん伸びていくことには

戸惑いを感じていた。家族と日本語で話しているときにトワがどこで身につけたのかわからない新しい言葉をさりげなく使ったりするのを聞くと、急にこの差を感じる。「冗談」という言葉を初めてトワが使ったのを聞いたときは「ジョーダンって誰？」と聞いて笑われた。英語でしかトワに勝てないと確信し、猛烈な勢いで洋書を読んでいったのを覚えている。

 母からの解説

　この頃になると二人から間違いを指摘されることが増え、私が英語を話すことはなく、海外旅行に行ったときくらいしか英語を使うことはなくなっていました。彼女たちも思春期の始まりだったのだろうと思います。

　私の英語力は高くなく、テンプレ英文のアレンジがメインだった部分もありますし、彼女たちの中でネイティブの使う言葉と母親の話す英語との圧倒的な差を受け入れられなくなっていたのではないでしょうか。この時期は相変わらず子どもたちは英語を話し、私はそれを理解はできるので、返事は日本語という感じで過ごしていました。彼女たちの日本語（国語）力が、同じように日本の公立の小学校に通っていながらも、少しずつ差が出てきたように思うのは、彼女たちが書いているように、積極的に受け入れる性格かどうかということもあると思います。

　双子で同じように育っていても、やはり違いが出てきます。宿題として出された教科書の音読や漢字の書き取りは2人とももちろんやっていましたし、日本語の本をもっと

読むよう図書館で色々と借りてきたり、洋書で持っている本の邦訳をすすめてみたりもしましたが、モアはあまり気に入っていない様子でした。

学校ではもちろん日本語で過ごしていましたが、同級生に話し方を指摘されたことで傷つき、必要以上に使うことはしなかったようです。この時期の子どもたちを見てあらためて思うことは、**英語にしても日本語にしても、リスニング力はつくものの、やはり話すことをしないとスピーキング力は一向に伸びないということです。**

小学校では、トワはもともとのんびりしているところもあり、この時期もみんなの動きについていけていない様子がありました。音楽の時間の参観では、皆が先生の指揮の動きを見て歌う体勢をとっている中ワンテンポ遅れるなど、言語の問題とは関係ない部分で遅れる様子が見られました。そのため先生から「このまま公立小学校でやっていけますか?」と心配されたこともあります。

振り返って本人曰く、「納得できる理由もなくやらされることや、自分にとって必要だと思わないことをやることが嫌だったから」と言われびっくりしました。

あの頃はとても心配していましたが、年齢と共に時間を考えて行動するようになるなど成長してきている部分もあるので、小学校での様子がすべてではないと感じています。

グアムのサマースクールへ

まだ日本語を話すことに違和感があった私たちは、言いたい

ことが周りに上手く伝えられないことが多かった。日本語での表現力や語彙力が劣っていたため、自由に自分を表現できないことに対する悔しい思いがあった。

そんな時期にグアムのサマースクールに2週間行くことになったのだが、実際にそこに通い始めると、自分でも驚くほど周りにすぐに馴染めた。初日は緊張と不安な気持ちで学校に入っていったが、一日が終わる頃には日本の小学校にいるときのぎこちなさを忘れるほど皆と仲良くできていた。たぶん一番慣れている英語を使って会話することで、自分らしさを保ちながら周りと接することができたからだと思う。それくらい私たちの中で英語という言語は、母語のような存在になっていた。

この学校はキリスト教系の学校だったらしく、全体で行うアクティビティや授業の内容もキリスト教に関連していた。最初の授業で聖書に書かれている7つの主な罪について学んだ記憶が残っている。さらに、毎日あるアクティビティとして集会が体育館で開かれ、そこで2週間に一度くらい、聖書の一文が書かれた小さな紙が配られる。2週間経つとまた学校全体で集まり、クイズ大会をする。チームごとに分かれ、一番正確に多くの聖書の文を覚えられたチームにポイントが与えられる、といったルールだ。他にもキリスト教関連ではない普通のクイズ大会や運動会なども行った。

このようなアクティビティは、誰とペアになるかわからないところが良い。そのほうが普段全く話さないような子と話す機会になるからだ。

モア

　頭の中ではそれまで以上に英語に頼るようになっていたこの頃、サマースクールは、自分らしくいられる場として楽しみにしていた。このサマースクールでは、文化の違いを体験することがあった。私は授業中に指でカウントダウンをしているときになぜか間違えて中指を立ててしまい、クラスメイトにそれを気づかれた。「何してんの、モア！」とびっくりされ、すぐに注意された。

　思いがけずやってしまったことだったが、ジェスチャーの中には本当にやってはいけないものがあるのだということを、身をもって学んだ。

📖 夏休みの自由研究

　グアムにいる間に、自由研究としてクオーター（25セント）集めを始めた。

　州ごとに硬貨の裏に描かれている顔や風景がすべて異なり、56種類もあるとされている。州の名前も裏に彫られていて、そこに州の特産品の絵が描かれているので、州ごとの特徴がわかるようになっているところがすごく面白く勉強になる。アメリカ人にもクオーター集めをする人がいるらしく、コレクション用の本を書店で売っていたため2つ買い、すべての穴が埋まるように私たちはホテルのフロントや売店の会計を回ってお札をクオーターに換えてもらったりもした。

　グアムは観光客が多いので色々な種類の25セントが手に入りやすい。Rhode Island や Iowa などを手に入れるのに時間が

かかったが、最終的に滞在中1つをのぞき他のすべての25セントを見つけることができた。

　一番驚いたのが、クオーターを集めていると説明すると、みんな笑顔で協力してくれる現地の人々の様子だった。もし日本だったら同じように対応してもらえていただろうか？　グアムの人たちの優しさを感じた出来事だった。

グアムの書店

　グアムでもやはり何度か書店に行っていたのだが、あまり覚えていない。母の話ではグアムの書店は小さく、本の種類もあまりなかったらしい。だから書店の記憶がないのかもしれない。

　私たちは海外旅行に行くたびに、必ず書店に行くのが当たり前だった。町の図書館を見つけて学校帰りに立ち寄ってみたこともあったが、その図書館も書籍の量は残念ながら圧倒的に少なかった。

 母からの解説

　以前のサマースクールの様子が普段の学校生活以上に楽しそうだったことと、日本の小学校とは違った経験をさせたいという想いもあり、この年の夏も何かしてあげたいという気持ちでサマースクールを探していました。

　今年もハワイのサマースクールに行きたいと言っていたのですが、かなりの費用がかかるため断念……。そのかわりにもっと安く行けるところはないだろうか、と探して見つけたのが、グアムのサマースクールでした。グアムの学校のことが書かれているブログや情報を探して良さそうな

学校を見つけてそこから学校の HP に飛び、サマースクールの情報を手に入れていました。

　娘たちが参加したサマースクールの情報は日本語では見つけられませんでしたが、何よりトータルの費用が安く済むということと、グアムは私自身何度か行ったことがあり、なんとなく雰囲気がわかることから決めました。

　グアムは飛行機でも 3 時間ほどで飛行機代が安かったですし、ツベルクリンなど検診の要請もなかったので参加しやすかったです。住むところに関しては、ハワイと違って多くの情報は出てこなかったので苦労しましたが、中心地からはだいぶ離れるものの、敷地や部屋が広くキッチンがあり、アパートのように使える長期滞在用のコンドミニアムを予約しました。

　私の中の一番の懸念点は、グアムは基本的に移動手段が車しかないということ。ハワイのときには安全面を考えてバスで移動していたことを考えると、私一人で子どもを連れていくこともあり、相当悩みました。

　そのため渡航した最初の何日間かだけ夫に一緒に来てもらい、その間学校までの道のりを一緒に運転してもらったり、行き方を確認してもらうことにしました（夫は仕事のため、そのあと帰国しています）。

　到着後、日本から予約していたレンタカーに早速問題が発生しました。日本語の HP があって値段も良心的なレンタカー会社で予約をしていたのですが、その車がなんだか

怪しい……。古いのは全く気にならないのですが、夫が運転していると、坂道では止まってしまわないか心配になるほどスピードが落ちるし、窓は閉まらない……と次々に問題が出てきたのです。

　レンタカー会社に連絡すると、最終的には他の車を用意してくれるという話になりましたが、その会社はグアムの中心地でアクセスも悪く、また同じことが起こったら面倒だということで、結局は車を返却。コンドミニアム内にあるレンタカー会社で借りることにしました。

　こちらがリクエストしたわけではないのですが、用意してくれたのは当時最新のプリウス。子どもを乗せるのに全く不安がなくなり、時々ホテルで見かけるお店のお兄さんも「車の調子はどう？　問題なく乗れてる？」などと声をかけてくれたり、わからない機能についてもすぐ教えてもらえたので、そういった安心感の部分では換えて正解でした。

　その代わり、結局レンタカーがこのときの旅で一番費用がかかる部分になってしまいました……。母子だけだったため少しでも安心して過ごせることを優先したので仕方ないですね。

　学校のタイムスケジュールは、ハワイ同様、朝登校し夕方迎えに行きます（9：00-15：00）。子どもたちは朝から授業があり、午後からはアクティビティでスクールバスに乗って、近所のビーチに行ったりすることもあったようです。基本的に教科を学ぶという感じではなく、英語を学習する

ことがメインだったようで、参加している子の多くは韓国や中国から来ているようでした。

　韓国からはツアーで来ていたのか、シャトルバスで登校している子もいたようで、かなりの数のアジア人が参加していました。娘たちは最初は同じくらいの年齢の子と一緒のクラスだったようですが、「途中で先生が私たちのレベルを見て、クラスを変わるよう言われたけど、変わったクラスのほとんどは大きい子だった」との話で、参加者の年齢も英語レベルもまちまちだったようです。

　授業の内容も含めハワイのときのような様子を想像していたため、それと違ったことは残念ではありましたが、お手伝いに来ていたアシスタントの子たちは多くがカリフォルニアから来ていた大学生のようで、一緒に遊んでもらっていましたし、他国の子も英語を学ぶために来ているということを子どもたちも理解したようでした（これは私のミスなのですが、そもそも申し込みをしたのはローカルの子向けのクラスだったのに、英語を学びに来た国際生のクラスだったため、レベルも年齢もバラバラだったのだと最近気づきました。実際にはローカル向けのクラスもあります）。

　周囲に何もなかったため学校がない日や帰宅後は、広い施設内で過ごすことが多かったのですが、コンドミニアムの大きなプールで遊んだり、毎日のように売店に通って売店のお姉さんと挨拶をするようになったり、ホテル内の星の観測イベントに参加して韓国から来た子と仲良くなったりと、ここでも楽しい経験と色々な方との出会いに恵まれ

ました。

　しかし個人的にはトータルコストはかかりますが、ハワイのサマースクールのほうがアメリカ的な文化に触れられ、参加している子もローカルの子がほとんどのためおすすめです。

・サマースクール参加費用：（ハーベスト・クリスチャン・アカデミー）1週間＄180/人。学校に直接申し込みのため、手数料などはかからなかった
・飛行機代：（私はマイレージを使い税金のみ）子ども2人分の飛行機代（エコノミー）。グアムまでのため安かった
・宿泊：コンドミニアム利用（当時は割引券利用）
・レンタカー・ガソリン：コンドミニアム内のレンタカー利用（チャイルドシートもレンタルが必要）
・食事と現地での生活：カフェテリアが学校にあり、ランチ込みだったので、普段は朝食と夕食のみスーパーで買い物。施設内のプールが大きく充実していたこともあり、学校帰りや休みの日は敷地内のプールやボウリングなどで遊んでいました。

大型書店の洋書売り場で本を選ぶ

　日本で洋書を買うときはだいたいネット書店で購入していたが、洋書が多く置いてある大型書店でもよく買っていた。誕生日やクリスマスのプレゼントに毎回本がほしいと言っては祖父母やおばからもらった図書カードを握りしめ、真っ先に行くの

は大型書店の洋書売り場。ここに一度入ったら2、3時間くらい経たないと帰らない。それくらい本の種類が多くて私たちにとってとても魅力的なところだった。

　洋書のフロアに置いてある自分たちが読むコーナーの本一冊ずつのタイトルと表紙を見ていくが、時間が限られているため、本を選ぶときは下の3つをチェックしていた。

1.　書店に置いてある人気ランキング
2.　表紙
3.　本の裏表紙（またはポップ）

　私は「このジャンルでないといけない」という強いこだわりを持つタイプではないので、ランキング上位の本はだいたいどれを選んでも当たりとなる確率が高い。ランキングを見れば「この本は一般的に面白いと思われているから大丈夫だな」となんとなく安心して選べる。

　R. J. Palacio の『Wonder』もそんな本の中の一つ。Wonderはベストセラーになり、日本の書店でもどこに行っても「ワンダー」と書かれた表紙が見つかった。その本の表紙には、目が一つしかない、のっぺりとした少年の顔が描かれているため、その不気味さから最初はなかなか手が出なかった。だが書店でもネットでも評判がやはり高く、ポップにも「おすすめの本！」と書かれていたため、最終的に買った。

　ぱっと見て面白くなさそうでも、中身がものすごく興味深い本はいくらでもある。表紙を見て本を選ぶのはだめだという意見は多数派だろうなとわかっている。英語では "Don't judge a book by its cover（本を表紙の見た目では判断すべきでない／見た目で判断するなという意味でも使われる）"という表現があるくらいだ。

　それでも私が表紙にこだわるのは、表紙がつまらなさそうな本は読む気にならないからだ。単純そうに聞こえるが、本の表紙が面白ければ、読む気が起きやすい。買った後に読まずに本棚に置きっぱなしという状態が避けられる。

　だいたいの洋書の裏には、ざっくりとしたあらすじと、著名人からの絶賛する声・コメントなどが書かれている。小さい子どもが読む場合は文字の大きさ、言葉の難しさを確かめるためにも中身も見たほうがいいだろう。

　選ぶときのポイントを他にもあげると、金色や銀色のシールのようなものが表紙についているもの。これはアメリカで受賞した賞が書かれているもので、「実際にアメリカで評価されている本＝面白い・勉強になる・優れた本」であることが多い（しかしそれが自分の好みにマッチしているかはわからないけれど……）。

　このように、自分なりの本選びのテクニックはあるが、本選びに失敗することもたまにはある。買ってみたもののレベルが年齢に合ってなかったりして、結果的に手つかずのままになってしまうケースもあるので、ここにあげた方法はあくまでも一つの例として見てほしい。

 母からの解説

　子どもたちは小さい頃からあまり物欲がなかったのか、誕生日やクリスマスなどのプレゼントは何がいいかと祖父母たちに聞かれてもはっきり答えられないことも多く、そ

のため図書カードをもらっていれば必ず本を買うので皆そうしてくれていたようです。

　洋書が多く売られている地域は限られていますし、我が家もそこまで近所というわけではありませんでしたので、プレゼントに図書カードをいただいたときや、セールをやっている時期に合わせて行くようにしていました。日頃はネットの口コミやおすすめを見てアマゾンなどで購入することが多いですが、やはり実際に見て購入することで、子どもたちも自分で選ぶ楽しさがあったようです。

　都内の洋書の置いてある書店には、絵本やハードカバーの本だけでなく、ちょっとした英語の教材やCD、専門書などもあるので見ごたえがあります。大量に購入した場合、購入金額が一定以上だと送料無料で送ってくれるため、我が家は帰りの電車で読む本をその場でセレクトし、その他は送ってもらっていました。

　子どもたちが幼かった頃から洋書は基本的に借りるよりも購入するようにしていましたが、それはこの時期も同様でした。選んだ本が本人の年齢に合っていなかったりして読まないままになってしまうこともあったのですが、手の届くところに置いておくことで、年齢が上がってから読み始めることもあると考えていたからです。

　本のレベルや単語数を気にする方もいると思いますが、我が家では全く気にしませんでした（内容に関しては、暴力や性的な内容があるものはある程度は気を付けていましたが、私自身は読めないため一度英語塾で年齢に合っていない本だと指摘され

たそうです。そこは注意が必要ですね……)。

　書店ではとにかく興味のある本を次々にかごに入れ、そこから二人は一冊ずつ吟味して（結局10冊以上買うのですが）、今回はいらないとなったものは、元の場所に戻すということをしており、現在でもこのスタイルが続いています。

電子書籍のメリット・デメリット

　この頃、電子書籍にも手を出すようになった。紙の本を手に持って読むのが普通だった私たちは電子書籍に対してずっと抵抗感を持っていた。しかし外出時にいつも重い本を持ち歩いていたことから、母の提案で9歳の誕生日に Kindle をプレゼントしてもらった。そのためこの時期は、紙の洋書と Kindle の両方を使い、行く場所などに合わせて使い分けていた。

　後々クラシック本のほとんどが無料だということを知り、5、6年生になると私たちは知っている限りのクラシック本を一気に買った。その無料の本の数は余裕で20冊を超えている。

　Kindle を持っていて良かったなと思うときは何度もある。例えば、わからない単語があるとすぐに調べられる。新たに登場する人物をハイライトするとそのキャラクターの簡単なプロフィールが見られる。ブックマークだって使えるし、ノートを書き残す機能も付いているし、翻訳も一瞬でできる。便利な機能は何十個もあり、それらをすべて上手に使いこなせればなんだってできるかもしれない。読みたい本も電子書籍のほうが安い場合が多い。

　こういう利点はたくさんあるのだが、本の匂いや厚さとペー

3

小学校時代

ジをめくる感覚、文字の大きさなどが伝わらないのが残念だし、その上 Kindle の充電は意外とすぐに切れる。さらに電車など Wi-Fi が繋がっていない場所だと反応が遅くなる。もともと携帯のように瞬時に反応するような機械ではないため（私たちが持っているものの場合）、何章か先のページまでスキップしようと思ってスキップバーを動かそうとしても、ページ番号が調節しにくい。最終的に私はだいたい面倒くさくなって諦めるなり、他の本を読み出すなりしてしまう。入力するときも、一文を書くためだけに何分もかかる。

　そのため最初は出かけるときによく持ち歩いていたのだが、結局紙の洋書に戻ることとなった。

小3で私たちが読んだ本や使ったワークブック

📖 『The Land of Stories』(Chris Colfer)

　一時期どはまりしたシリーズ。ざっくりまとめると、双子の兄弟が魔法の世界に迷い込み、「ヘンゼルとグレーテル」や「赤ずきんちゃん」「シンデレラ」などの定番のおとぎ話に登場するキャラクターに会って冒険する話。ファンタジー要素が強めなので、こういった類の話が好きな私たちにとってはすごく面白く、読みやすかった。とは言え好きなジャンルに関係なく、どんな人でもスラスラ読めて楽しめると思う。特に女の子にはおすすめ。

📖 『Harry Potter』(J. K. Rowling)

　はまる人はとことんはまるシリーズだと思う。読書好きな人

であれば、あっという間に全巻読み終わるだろう。ハリー・ポッターの世界はものすごく細かく描かれているので、ディテールにこだわる物語が好きな人には特に向いている。私は最初、第1巻（Harry Potter and the Philosopher's Stone）の第1章を読んだとき、情景の説明だけがずっと続くような感じで、ダイアローグがあまりにも少なかったので、読むのを諦めかけた。

　私はもともと会話だけを読みたがるようなタイプで、細かくて長いシーンの説明を読むのは苦手。それでも、第2章からは目が離せなくなるほどストーリーが発展していき、気づけば好きになっていた。私には最初の部分は少し難しかったが、そこを我慢してでも読む価値のあるシリーズだと思う。全部で7巻あるが、最後の2冊は少しレベルが上がり、対象年齢も1、2歳上がるそうだ。

📖 『Dork Diaries』（Rachel Renée Russell）

　これは3年生のときに読み始めた。15冊目が2023年に発売され、今でも続いている人気シリーズ。主人公は14歳の女の子で、その子の日記を読んでいるという設定のストーリーだ。本の見た目で見ると幼い子向けだと思うが、読んでみるとたまに見慣れない言葉が出てくる。実際には、本の対象年齢は9〜13歳となっている。

　私はわからない言葉を飛ばしてでも読み切ろうとするタイプだったので、読み終わるのは比較的早かった。普通の本とは違い、イラストが多く、文章も読みやすく段落分けされているところが大きな魅力だと思う。

📖 『Charlotte's Web』(E. B. White)

『シャーロットのおくりもの』という日本語版の名前で知っている人は多いかもしれない。日本語版は小学校の図書館に置いてあったりすると思う。ウィルバーという名の子ブタの目線からの話で、この本もジャンルはファンタジー。

　納屋で暮らす動物同士の会話と、ウィルバーを殺すつもりでいる人間の会話が両方入り交じっているところが面白い。またちょっとしたネタバレになってしまうが、完全なハッピーエンドでは終わらないという部分でも、命の大切さと儚さが学べる深い話だ。アメリカでも映画化されているほど人気の本。

📖 『Spectrum』『Wordly Wise 3000』

『Reading G5』『Math Grade 4』『Wordly Wise 3000 Book 4』などのワークブックを使って、同年代のネイティブの子どもが学ぶ教科を英語で学んでいた。「Wordly Wise」のワークブックはボキャブラリーを扱っており、同年齢のアメリカの子どものレベルに相当する単語が簡単にわかりやすく説明されていて、いろんな問題集の質問を通じて身につくようになっている。

　他にも、この頃モアは Cursive Writing のワークブックを使って筆記体の練習をしていたので一時期よく筆記体で文章を書いていたが、私（トワ）はやっていないため今でも書けない。

小4 ── 英検で 初の不合格

日本のテレビ番組も見るようになった

　小学校でクラスメイトが流行りのアーティストや曲、バラエティ番組やお笑い芸人についてよく話していたが、その会話に参加することはあまりなかった。なぜなら、洋楽を聴いたり、海外のテレビ番組（主に海外から購入した DVD やディズニーチャンネルなどで見られるお話）を見たりすることは好きだった一方、日本の音楽や番組にはあまり興味がなかったため、自分からは目を向けなかったからだ。

　だんだんと周りに馴染めていないことに対する危機感を覚えるようになり、この頃から私たちは日本の人気のテレビ番組を見るようになった。日本のテレビを見始めたことが私たちの日本語が急成長した大きな理由だと今は思う。

 母からの解説

　今までは英語を話していたことを周りも認識し、低学年の頃は「すごいね！」と言ってくれていたクラスメイトでしたが、周りの帰国生や英語が得意なお子さんの話などを聞くと、小学 3、4 年生くらいから批判的な意見を言われて英語を話すことをやめてしまったり、しゃべり方をカタカナ英語にあえて変えて話すということを聞くことがあったのですが、我が家でも似たようなことがありました。

そのため、英語を使って過ごせる居場所を家庭以外にも見つけることが子どもたちにとっては必要だろうと感じていました。

モアの変わった趣味……偉人の最期の言葉集め

 モア

　小学生の頃お気に入りの作家（John Green）がいて、その人の著書をかなり読んでいたのだが、そのうちの一冊をすごく気に入った。その本『Looking for Alaska』の主人公は偉人の最期の言葉（ラストワード）を集める趣味を持っていたことがきっかけだった。

　この「偉人の最期の言葉」には、人生に関する偉人からのアドバイスをもらえるような気がしたことと、言葉が哲学的で意味を考えさせられるところに興味がわき、自分も集め始めると気づいた時にはまっていた。言葉を集める中で、どのような人生を送ったらこのような価値観や概念が生まれるのだろうと、偉人の人生にも興味がわき、自伝を多く読むようにもなった。

　小説の主人公は自伝を読んで最期の言葉を集めていたが、実際にはよほど有名な言葉でない限り自伝には載ってないことのほうが多い。そのため、ウェブで検索したりもするのだが、この方法の欠点は 100％信用性があるというわけではないところだ。そのため、いろんな文献を見て全てが一致した言葉のみを集めている。バックストーリーがある言葉が一番私好みだ。

　その頃、最期の言葉を言った人の情報とともに一冊のノート

にまとめ、一番気に入ったものをポストイットに書き、1日1枚部屋のドアや壁に貼り付けることを習慣にしていた。集めたラストワードは100以上にもなっていた。

　当時オンライン英会話での自己紹介で、「私の趣味はラストワードを集めることです」と言うと、ほとんどの先生方は興味を持ってくれ、「一番面白かったものは何？」「なんで始めようと思ったの？」「それにはどういう意味があるのかな？」「面白い趣味だね、そんな日本人の子には初めて会ったよ」などと最初から話が弾むことが多かった。日本人に私の趣味を話したことはなかったが、海外の人達の反応を見て、自分のやっていることは少し変わっているのだということを、その時気づかされた。

　中学に入った後の話になるが、私のこの趣味を知っていた母が、『サンドウィッチマン＆芦田愛菜の博士ちゃん』という、一つの物事に深い関心や造詣がある子どもがそれについて紹介するというテレビ番組に応募すると、「最期の言葉を集める子は珍しい」と思ってもらえたのか、色々と話をさせてもらったのち、最終的に私は番組に出演させてもらえることになった。そんなに変わっているのかな……とそのとき私は改めて疑問に思った。

　この趣味は普段の会話でも役に立ったが、受験の面接で「趣味はなんですか？」と聞かれたときに印象に残る自己紹介ができ、楽しい会話につながったのではないだろうか。自分が本当に情熱を持って取り組んでいることや、自分にしかできないこと、わからないもの・分野があると、情熱を持って話すことが

できるし、個性も見てもらえると思う。

 トワ

　モアがいつからこの趣味を始めたのか正確には覚えていない。そもそもこの本（『Looking for Alaska』）を先に読んだのはモアで、その後におすすめされて読んだのが私。読んでいる際に主人公が最期の言葉を集める趣味を持っていると知っても、「へえ、変わっているな」としか思わず、すぐそばで自分の双子の妹がこんな趣味を持ち始めていることには気づかずにいた。そのうち、「こういう人がこんな言葉を残して亡くなったんだよ！」とだんだんと聞かされるようになり、今では私も、豆知識程度であるが、何人かの有名人の最期の言葉を知っている。

　でも、あの一風変わったことに対するモアの情熱には敵わない。気づけば彼女の日記には最期の言葉だけが4、5ページ分ぎっしりと書き記されていた。私はたぶんその中の1ページ分くらいしか知らない。

　昔からモアは変わった趣味を持つことが多かった。小さい頃は道に落ちていたキラキラするもの、BB弾、商品のバーコードなどを集めてそれぞれ缶に保管していた。数字を覚えるのが好きだったため、彼女はそのバーコードの下に印刷されている数字を覚えたり、友達の誕生日やテレビ広告の電話番号を暗記することもよくあった。こんな妹の趣味を見て、変だなという感覚はまだ少し残っているが、こういう性格だと受け入れてもいる。そのため部屋中にずっと貼られているポストイットもBB弾の詰まった缶の存在なども気にならなくなった。

母からの解説

　この頃、子どもたちの部屋には大量のポストイットが貼られており、時々粘着力が弱くなって剥がれ落ちているもの……。意味がわからなかった私は、そのまま捨ててしまうこともありました。

「何かのメモなのかな？」程度にしか思っていなかったのですが、後にモアから趣味の話を聞いて、我が子ながら変わった視点だなと思った記憶があります。

　彼女の言う通り、彼女のこの変わった趣味は受験時も確かに役立ったと思います。特に我が家のようなずっと日本で過ごしてきた子どもは帰国生が話すような海外経験等のエピソードがないため、彼女が興味のあることで自分らしさを理解してもらえたという点では良かったのではないかと思います。

英検準1級に挑戦するも初の不合格

　私たちは英検5級から2級までは一度も不合格を経験することなく、幸い一発合格ができていた。そのため私（トワ）の中では「準1級も難しいだろうけど合格するだろうな」という生意気な考えがあったと思う。

　しかし小4で受験した時の結果は予想が外れ不合格となり、再度受けたときも不合格になった（トワは2回不合格となり、モアは小4の2回目で合格）。

不合格を経験したことがそれまでなく、いつも一緒だった妹が自分よりも早く合格できたというこの2つが、私を不安と自信喪失に追いやっていった。この気持ちが残り、その後モアが1級を受験しようとする中、「そろそろあなたも受けてみたら？」と母に言われても私は拒否し続けた。英検に対してちょっとした恐怖感すら覚えるようになっていたのだ。

　最終的には小5の時に準1級を受けて合格したのだが、何が理由で不合格だったのか、またどんなことをして合格できたのか、当時行っていた対策や勉強法を紹介する。

📖 ボキャブラリーとリーディング

　苦手なリーディングセクションの単語（ボキャブラリー）対策。ほとんどの人は「でる単」（『英語でる単』シリーズ）という単語帳を使っていると聞いたことがあるが、私たちの場合、読書だけで対策していたため、このような日本の参考書やテキストは使用していない。

　読書だけといっても、わからない言葉はちゃんとすぐに調べてノートに書き残すようにしていた。小学3年の最初の頃に『ハリー・ポッター』の1冊目を読み始めたがわからない単語が多く、私のレベルでは少し難しいと感じていた。そこでオンライン英会話の先生と一緒に本を読み進めていき、わからない言葉が出てくると、止めて解説してもらうようお願いしたこともある。

　過去問をやっているときにわからない単語が出てきたら、意味を調べてノートに書くようにしていた。そして母に頼み、このノートから20単語ずつ順に出題してもらっていた。しかし

全然覚えられなかったため、間違えるたびに、罰ゲームとして間違えたところからさらに 10 個の単語が追加で出題されるシステムになった。

　正直なところ、この暗記方法が役に立った気はしないので、これは失敗例だろう。ノートに書くと形に残るためすぐ見直せるというメリットはあるが、実際に見直しをしなければ結局意味がない。

　リーディングはボキャブラリーと同じように、とにかく洋書を読むことがメインで日本の参考書は使っていない。しかし読む本の内容は、同じジャンルのものばかりを読まないように気をつけていた。

　例えば、私たちは小説が好きでよく読むけれど、英検の問題には説明文や評論文などもある。好きなジャンルばかり読んでいると、読むスピードにも違いが出てくるだろうし、ボキャブラリーにも偏りが出てくるので、そこは意識して本を選ぶようにしていた。

 モア

　私は 4、5 年生当時、『TIME』というアメリカの雑誌を定期購読してもらって読んでいた。もちろんすべてが理解できるわけではなかったけれど、興味深い記事もあり、学校の自由学習の宿題でもこの記事の中から興味のある内容について書いて提出していた。

　『TIME』には、アメリカや世界で起きているリアルタイムのニュースについて、統計データなどを使って具体的に解説した

記事が掲載されている。ABC や CNN などのテレビニュースでは伝えきれないところまで深掘りされているため、おすすめしたい雑誌の一つだ。

📖 エッセイとリスニング

　準1級で一番苦労したのはライティングのセクションだった。制限時間内に、出題されたトピックについて書き終えることが求められるため、もともと急かされるのが嫌いでやることすべてが遅かった私からすると、このエッセイが最大の敵。そもそも出題されたトピックの意味が分からなければ何も書けないため、準1級を初めて受けた時はこのせいで不合格となった。

　ちなみにこのときのトピックは、"Agree or disagree: Japan's society ought to become a cashless society." 「日本はキャッシュレス社会になるべき。これに賛成しますか、反対しますか」といった内容。

　初めて準1級を受験した4年生のときは「キャッシュレス」の意味を知らなかったため、「お金のいらない……すなわち無料？」と、なんとなくの解釈を自分で作り、とりあえず最後まで書いてみたがスコアはまさかの0点……。どんなに書けていても、質問された内容に合っていなければ減点どころか0点にされてしまうため、小学生の受験者にとっては、ハードルが高いのではないだろうか。

　トピックは時事問題に関わるものが頻繁に出題されるので、日本で注目されているような問題を中心にニュースを見たり読んだりするのが一番効果があると思う。私はエッセイの対策と

して、毎朝ごはんを食べている時にニュースを見る・聴くことを習慣としていた。

　字幕があると目で追ってしまい、リスニングの練習にならないということで、この頃はニュースに字幕はつけないようにしていたが、これは効果があったと思う。英検で扱う問題は日本のメディアが取り上げる内容が多いだろうという考えにより、「NHK WORLD-JAPAN」というNHKの英語版チャンネルのニュースをよく聞いていた（個人的には、日本のニュースを聞くことよりもBBCニュースなどの海外のニュースを聴く事のほうが好きだけれど）。ほかにも、時事問題について解説しているYouTubeの動画を夕食時に流し、英語を英語の字幕なしで聴く事は良く取り入れていた。

　そもそも初回で不合格だった原因は、トピックの内容を理解できていなかったことだったが、母は英語で時事問題を解説することができなかったので、母が知り合いから紹介してもらった元オンラインスクールの先生に、トピックについて何回かわかりやすく教えてもらったこともあった。

　この先生は子どもが理解できるように、一つの物事を時には絵を描いたりしながらとてもわかりやすく教えてくれた。しかもそれを全て英語で行うので、エッセイを書くときに必要なボキャブラリーも覚えることができた。

　日頃使っているオンライン英会話でも、私たちの英語レベルを知っている先生にトピックの解説を頼んだりしていた。トピックは、英検で出題されそうで私たちが理解してなさそうなも

3

小学校時代

のを母が用意してお願いしていたようだ。

 母からの解説

　英検2級を受けたのが小1のときで、それから3年経っていたため「そろそろ受けてみたらどうだろう？」と二人に提案し、小4になってすぐ、初めて準1級を受験しました。会場から出てきた際、モアは笑顔で「全部書けたよ！」と出てきたものの、writingで全く点をもらえず不合格という残念な結果となりました。しかし、writing以外は十分合格可能なスコアだったため、語彙（トワ）とwritingのトピックの理解（二人とも）がネックになっているという事がわかりました。

　その後の受験で合格した、なんでもやってみたいタイプのモアと、慎重派のトワというそれぞれの性格によって、ここで違いが出たようです。

　準1級レベルになってくると、問題を見てやってみようと思う子かどうか、エッセイのトピックについて理解しようとするかも含め、子どもたち自身の性格も影響してくると思います。

　帰国生の方も中学受験を考えるご家庭が多いと思いますが、都心の人気のある学校の帰国生受験だと、世間では英検準1級がスタートラインと言われることが多く、私自身もこの頃は、帰国生と同じように小5、6年で準1級レベルになれたらよいな、とは考えていました。

　今まで英検はあくまでも子どもたちが英語をやってきた結果でしたが、この頃から将来の中学受験を考えるうえで、

英語が重要となる入試を受けるかどうかという意味合いも
でてきたため、この経験で子どもたちにも初めて「英語を
勉強する」という意識が生まれてきたようでした。

　二人ともライティングに出てくるトピックがわからない
（当然小学生向けのトピックではない）ので、家でニュースを見
たり聞いたりする際は、それについて家族で一緒に話し合
ったり、どのような問題なのかをかみ砕いて解説したりし
ていました。

　英検の過去問で出されたトピックを題材にして、それに
ついて年齢に応じた解説をすることも。意味がわかっても
英語で書けなければいけないし、英語でどのように表現す
るのかを私が伝えられないので、そこでオンライン英会話
の先生や、ネイティブの先生に解説してもらうことで、英
語でどのように表現するかを学んでいたようです。

◀ **小4で私たちが読んだ本や使ったワークブック**

　この頃はまっていた本もまたシリーズものが多く、その中で
も Rick Riordan の書いた本（『Percy Jackson and the Olympians』シ
リーズなど）、C. S. Lewis の『The Chronicles of Narnia』、『The
Mysterious Benedict Society』（Trenton Lee Stewart）、Jacqueline
Wilson の本、『The Maze Runner』（James Dashner）シリーズな
どをよく読んでいた。

　特に好きだった Rick Riordan という作者は、ギリシャ神話
からエジプト神話まで神話を幅広く取り上げていて、それらに

出てくる神様を登場人物にして書くスタイルがとても面白く、気づけばほぼすべての本を購入していた。このシリーズをきっかけに神話に興味を持つようになった。神話にあまり興味がなくても、男女関係なく楽しめるのでおすすめしたい。

　他には、例えば Jacqueline Wilson の本は比較的簡単で短いため、まだ読書に慣れていない人に向いていると思う。最初に読んだ彼女の本は『Dustbin Baby』だった。この本の主人公が養子だったことがすごく印象的で、海外の養子縁組制度や養子として生きる気持ちをよく知る機会になった。『Double Act』と『My Sister Jodie』なども、双子や姉妹の主人公にまつわる話なので、個人的に共感できる部分が多く好きな本の一つだ。『The Mysterious Benedict Society』は、名門校への試験に受かった天才的な孤児 4 人が悪と戦って世界を救う、という冒険要素が多い小説シリーズ。物語の中にたくさん謎解き問題があるため、クイズが好きな子に特にお薦めする。難しめの単語も多い印象があったので、ボキャブラリーやリーディング力の面では英検対策にもなるレベルの本だと思う。
『The Maze Runner』も、ものすごく好きで、映画まで見てオーディオブックでも聞き、現在も定期的に読みたくなるシリーズだ。主人公のトーマスが、記憶をなくした状態で、巨大な迷路に囲まれた空間に送り込まれ、そこから抜け出そうとするところから第 1 話が始まる。ジャンルは SF スリラーと呼ばれているが、SF が苦手な私でも読める内容になっている。しかし少し暴力的なシーンがあるため、出版社は本の対象年齢を 12 歳以上としている。

英語を学ぶのに役立ったのは『Vocabulary Cartoons』と英検準1級過去問。『Vocabulary Cartoons』は本当に役に立ったと今でも実感している。例えば、Enroll なら "A mole enrolls in art school"、Calamity は "A calamity occured in clam city" などと難しい単語でも定義が伝わるような面白い例文が1単語ごとにあり、イラスト（Cartoon のこと）で描き表されているところがポイント。

　そのため結構覚えやすく、日本語でいうところの「語呂合わせ」に似た方法で暗記させるのが目的のテキストになっている。

小5 —— 英語塾って どんなところ?

中学受験用の英語塾へ

　小学4年生の時まで通っていた週1回の英語スクールを春頃に退会し、10月頃になって私たちは中学受験用の英語塾に通うことになった。主に海外からの帰国生が通う塾で、首都圏の帰国生の保護者の間ではかなり有名なところらしい。

　入塾前に実際に授業にも参加したが、積極的に発言や行動をしているか、クラスメイトとのディスカッションができているかどうかも見られていたようだ。私たちは幸い合格となり、その英語塾に通うことになった(当時は私たちのように帰国子女でない場合、皆が受け入れられるわけではないようだった)。無事入塾できたあとも課題が毎回しっかり出る。特に一般塾と両方通っている子にしたら4教科+英語の5教科を塾で勉強することになるし、5年生くらいになると、英語だけでも負担に思うくらい課題の中身がどんどん難しく大変になってくる。

　日本語の使用に関する制限も厳しかった。授業中でも休憩時間中でも生徒たちが日本語を使っている様子に先生が気づけば、英語を使うようにと促していた。初めて私たちが入ったときも、どの年齢の子たちも皆英語で会話していて、日本語が聞こえてくることはなかった。英語の環境に慣れている帰国生にとってはもちろん、私たちにとってみれば、とても快適な環境だった

のだ。

　その英語塾の一番気に入っていたところは本の多さ。ドアを開けて入ると最初に目に飛び込んでくるのは、大きな本棚だ。洋書だけがずらりと並んだ本棚で、さらに各階と各教室、階段の途中にも本棚が置いてあった。本好きの私たちにとってみたら夢の国のような場所だった。

　塾を初めて訪ねたときに、「ここは想像していた塾というものとは違うな」という感覚だったことは今も覚えている。

　私たちがよくやっていたのはスタッフの方々におすすめの本を聞くこと。また、塾の玄関近くに貯金箱のように穴が開いている箱が設置されており、欲しい本を紙に書いてそこに入れることができた。「生徒の欲しい本はできる限り買うようにしている」というスタッフの言葉を聞き、ほぼ毎月何かしら欲しい本を書いてその箱に入れていた。生徒が本を手に取りやすい環境を作っていたのがわかる。

　この塾の帰国生受験でのトップ校への合格率は相当で、教えてもらったことも本当に役に立ったな……と今振り返ると思う。どこの塾でもそうだが、そのような塾に通えば誰でもトップ校に受かるわけでは当然ない。レベルが上のクラスにいると、生徒たちは志望校としてたくさんの名門校の名前をあげ、そこを目指すのが当たり前のような雰囲気があるが、クラスによって雰囲気は違う。

　4教科入試に変更するため退塾する子がいる一方で、最近海外から帰ってきたばかりの子が新しく入ってくるといったように生徒の入れ替わりも激しかった。そしてクラス替えテストが

年に３回あるため、順位を維持するのもものすごく大変だった。

 母からの解説

　以前からこの塾の評判は聞いていたのですが、受験を考えるまでは英語を「勉強」にしたくなかったので、４年生の秋での入塾となりました。入塾にあたっての連絡の際に塾からは「ライティングがまだ弱い」というフィードバックをもらいました。

　確かにそれまで子どもたちがライティングを学んだのは、英語の保育園の年長時と、小１の時にオンライン英会話の先生にランゲージアーツ（いわゆる日本語での国語にあたり、４技能［読む、書く、聞く、話す］を中心に英語を使うスキル）のワークブックを使って教えてもらったとき、さらに自宅で一緒にワークブックに取り組んだときだけだったのです。子どもたちにとって早すぎず、受験を意識せずにいられる４年生の後半から塾に入ったのはちょうど良いタイミングだった気がします。

　個人的に良い英語塾やスクールだと感じるのは、洋書の蔵書量の多さとそれを生徒に提供しているかという点です。アメリカでも生徒に積極的に読書をすすめ、読書を通じて英語力をつけさせるのは今までサマースクールに参加したときに経験済みでした。日本語の本でももちろん言えることだと思いますが、読書をすることは、最も自然に文法や語彙を学ぶことができる方法です。

　またこの塾の良い点は、授業がすべて英語で行われるた

め、英語を英語で理解するということが徹底できるという点です。親である私は日本人カウンセラーの方に日本語で相談や連絡ができますので、親は日本語、子どもは英語でストレスなく話ができることも助かりました。

　最近では通学だけでなく、オンラインでのレッスンを利用して地方や海外にいても帰国生レベルの授業に参加することができるのも良いですね。

　中学入学後に同じ学校で顔を合わせた同級生には、この塾のクラスメイトだった子がかなりいたため、娘が書いたように塾内でどのレベルのクラスにいるかは、目指す学校によっては入学後すぐに見知った顔を見つけられるという点でも大事になると思います。

　私たちは4年生のときは普通クラスに在籍していたが、二人とも5年生に上がるタイミングでアドバンスクラスへのオファーをもらった。内容は今までのクラスより難しくなったが、後に受験で切磋琢磨するクラスメイトと一緒に学べたことは、アドバンスクラスの利点だと思った。

　塾内ではライティングコンペやリーディングコンペといった、書くことや読むことを推奨するようなイベントも行われていた。通塾が週に1回だけだったため、そこまで負担ということもなく、むしろ1回しかないのが残念なほど楽しみにしていた。

 モア

　ライティングコンペでは毎回テーマが決まっており、それにちなんだ内容のストーリーを書いて提出する。3位までに選ば

れるとプレゼントがもらえたので私たちも参加したのだが、驚くことに私が書いたものが1位となり、賞品としてもらえたアマゾンのギフトカードで洋書を購入した。また別のライティングコンペでは、シャープペンシルとボールペンのセットをもらい、受験時はもちろん、今でも大切に使っている。この経験がのちのライティングへの自信や、書くことの楽しさにつながっている。

 母からの解説

　受験期に入る前に、文法を日本語ではなく英語でしっかり学べたのは、いいタイミングだったと思っています。帰国生やインター生でも年齢・学年が小さいうちに帰国や退学をすると、文法をしっかり習わずにいたために中学生になって日本の英語の授業が大変になるという話や、中には「伝わればOK」というレベルのスピーキング、いわゆるブロークンイングリッシュしか話せなくなるという話も耳にしていたからです。

　この塾は娘たちにとってはよい環境でしたが、塾選びはお子さんと先生や塾の相性の問題もあると思います。入塾するタイミングを悩む方もいると思いますが、英語受験を視野に入れているのであれば、やはり帰国してからできる限り早めに塾の雰囲気を見学したり、体験や相談をして**英語の環境を維持すること**をおすすめしたいです（小学校低学年での帰国生でも、すぐに塾に通い始めて継続したことで帰国生に人気のある上位校に合格されたというご家庭の話も聞いています）。

この頃、英語塾だけでなく、いわゆる中学受験塾にも入塾し、国語と算数のみ受講していました。2教科だけしか受けていないのは、もし受験するとしても子どもの負担にならないよう、3教科で受験することしか念頭になかったためです。

　4年生だと親子でどの道に進むか決めていないご家庭も多いかもしれません。5、6年生になると宿題をこなすのだけでも大変になり、他の塾とのバランスを考える必要が出てとても忙しくなります。4教科＋英語塾もまだこの学年では可能かもしれませんが、お子さん本人はもちろんのこと、親御さんのフォローも年々大変になってくると思います。

3

小学校時代

モア英検1級合格！

 モア

　私は一度英検バンド（自分のスコアと合格基準スコアの差を示す指標）マイナス1で不合格となったのだが、幸い次の挑戦で合格することができ、5年生で一級合格者となった。

📖 やったことやテキスト

　単語を覚えるために、自分で作った単語帳をバラバラにして靴の箱に入れ、一つずつ取り出して言葉の意味を答えるという勉強の仕方をしていた。それなりに大変な作業だが、ゲーム感覚でやってみると面白いと思う。暗記は自分独自の方法で覚え

155

ると、さらに効率が上がる。私の場合は、単語カードにイラストを描いて、語呂合わせ風にして覚えていた。

　この方法はとても役に立ったが、会場には箱ごと持っていけないのが欠点だ。

　肝心なライティング対策は『最短合格！　英検準1級　英作文問題　完全制覇』という本を使った。オンライン英会話でこの本の中からトピックを選んで、そのトピックの Pros Cons（長所・短所）を先生と話し合うことで知識を深め、自分の意見の立場を決めていくということをした。

　ボキャブラリーは「Quizlet」というアプリで訓練した。このアプリでは、タイピングの練習でスペリングを覚え、瞬時に言葉と意味を結び付ける練習ができる。これはタイピングの速さを競うゲームにもなっており、自分の記録を塗り替える人が出てくるとメールで知らせてくれる。競争心があるならもっとたくさん速くやろうとするので、そういうゲームが好きな子には面白いだろう。

　ほかにも、NHK WORLD-JAPAN や YouTube を使って時事問題についてのニュースを聞き、家族とは日本語で、姉妹間では英語で話し合った。

　リスニング対策としては、洋書の古典のストーリー（『ハックルベリー・フィンの冒険』『トム・ソーヤーの冒険』など）を食事中にオーディオブックや YouTube で聴きながらリスニング力を鍛えていた。

　あとはそれまで通りに1級の過去問を何度も解き、慣れていく。そしてまず欠かせないのは、とにかく読書を続けることだ。

普通の小説でも英語のニュース記事でも、読書は必ず身になるし、普段は塾と姉妹間での会話以外で英語を話すことのない環境で合格できたのも、読書を欠かさなかったからだろう。

 母からの解説

　これでモアは5級から1級まで合格したことになるのですが、それから何か月かすると英検協会より賞状が送られてきました。これは日本英語検定協会特別賞と呼ばれるものらしく、英検協会に問い合わせると、「スコアの良かった人に送られる」と言われました。トワも合格後にこの賞状をいただきました。おそらく「10年以内に全ての級に合格」というのが賞状を受け取る基準のようです。

　おかげで中学受験の際に、願書に課外活動などを書く欄のある中学校の場合、特にスポーツや楽器などでの表彰されていたこともなかったため、書くことのできる項目の一つとなりました。特にこの賞を目的にしていたわけではなかったため、うれしいサプライズとなりました。

受験前の最後の楽しみ　ハワイのYMCAキャンプ

　5年生になった年の夏、私たちはハワイのYMCAキャンプに泊まりで参加した。そのキャンプはオアフ島のノースショアというところで行われたが、だいぶ田舎だったので、自然も豊か。海と山に囲まれて過ごす経験は日本ではあまりなかったので、都心から車で向かう際、私たちはずっと外の景色を眺めていた。

部屋（キャビン）は学年ごとに分かれていて、キャンプのカウンセラーと呼ばれていた大人を含め、最大で 16 人ほどが一緒に生活する。1 学年下だという子も何人かいたが、あまり歳の差を感じることはなかった。日本では年齢や学年を気にする文化があるが、西洋文化ではあまり重視しておらず、その違いをこの頃には気づいていたと思う。

　午前中のアクティビティは基本的に自分で選択するシステムになっていて、キャンプ初日に皆が集まり、何をやりたいか決める。私たちが選んだアクティビティは、美術、料理、サバイバル講座、アーチェリー、ブレスレット作りなど。全学年同じ選択肢を与えられるため、このアクティビティを通じて他学年の子と仲良くなる機会が作れる。

　アクティビティはすべて遊び中心で、グループでというよりも個人で取り組むもののほうが多かった。それでも周りから声をかけられるので、意外と友達は作りやすい環境だったと思う。

　日本人は私たち以外に 2、3 人いたことを覚えている。同じキャビンになった日本人の女の子は、日本のインターナショナルスクールに通っていてその子とも英語で会話していた。

　夕方は運営側が企画したアクティビティに参加する。登山や水泳、ドッジボール大会など運動をし、夜ご飯の後はもっとソーシャルなイベントが始まる。ダンスパーティやタレントショーなど、日本ではあまり子ども向けに開催されないようなイベントだなと当時の私は感じた。いずれも周りの人と交流する機会を作ることが目的となっていると思う。

ダンスパーティはだいたい男子が女子に声をかけ、「ダンスパートナー」として一緒に過ごす文化があるらしい。そのようにしない人は、周りの人たちに紛れてダンスしたりする。踊ることも知らず人に声をかけることも苦手だった私たちが唯一楽しみにしていなかったイベントだったが、終わった頃には結局「楽しかったな」と思えた。

　そのときまでは正直、周りに馴染むのが難しく、自ら他人と話そうとはしていなかったが、次の日からはダンスパーティで見かけた子たちと話すようになった。人との交流を大切にするということを、アメリカは日本以上に重視しているという違いを強く実感した。

　アメリカ人のほとんどが多様性を尊重していることは知っていたが、それに関連するトピックには結構敏感なのかなと感じたことがある。たまに話すことがあった年上の男の子がいたのだが、彼は長い髪の毛が特徴的だった。ある日私が別の友達に、「彼は何で髪を切らないんだろう。暑くないのかな？」と言うと、その子が突然、「彼はその髪型が好きだからそうしているだけでしょ！　自分に似合うと思っている髪型にしているだけだから、自由にさせてあげなよ！」とちょっと怒ったような口調で言ったのだ。

　私は驚き、戸惑ってしまった。悪気は全くないつもりだった。私はショートカットにしていたため、髪が長いと暑いんじゃないかという単純な感想をよく考えずに口にしたのだが、そのコメントが失礼に聞こえてしまったようだ。

　また、彼が男性だったため、私が彼の容姿を馬鹿にしている

ように思われたのかもしれない。このように他人の容姿や個性に対する意見には、（私の場合はそんなつもりはなかったが）アメリカに限らず世界中の人が結構センシティブになっている。日本にいたら気づけなかったことの1つだと思う。

キャンプにいる間、イノシシやサソリが出たという噂をよく聞いた。ノースショアはワイキキとは違って自然豊かなところが大きな魅力で、その美しい自然を保つためのビーチクリーンアクティビティなどをみんなで行った。カウンセラー（スタッフ）たちが海や山で見つけた動植物の説明をしてくれ、私たちが住んでいた地域ではあまり見かけることのない生き物を発見することもあった。

キャンプが終わる前に同じキャビンだった友達とメールアドレスや住所の交換をしたが、そのうちの1人はメールアドレスを持っていなかったので、その子とは彼女が引越しをするまで手紙でずっとやりとりをしていた。最近はメールアドレスやSNSのアカウントを持っている子も多くなっているので、キャンプ後もお互いの様子がわかるし、また会う約束ができたりするかもしれない。

 母からの解説

　おそらく受験が終わるまで海外に出かける機会はなくなるだろうと、二人にとって思い入れのあるハワイでキャンプに参加させることにしました。今までの、勉強の要素の強いサマースクールではなく、体を動かしたり、アメリカでは一般的なキャンプ文化を体験させたいと思ったのです。

そのおかげで、また新しい発見と経験ができたようです。こちらもサマースクール同様、夏休みの期間に参加すると日本を含む多くのアジア人が参加するようですので、ローカルの子が参加するキャンプを希望する場合、6月または7月初旬に参加することをおすすめしたいです。

・サマーキャンプ代：1セッション6日間（日〜金）＄650/人

　費用を抑えるため、申し込みはすべて自分で行いました。ホームページを見ると申し込み方法が書かれています。当時は「ePACT」というサイトに申込者本人と家族の名前や緊急連絡先を登録し、アレルギーの有無やキャンプ中にケアすること、カウンセラーに伝えたいこと等を入力して申し込みました。

　キャンプ中に使用するお金はキャンプで使えるカードにお金をチャージして持たせるシステムで、売店でお土産やアイスを買うときなどにそのカードで支払っていました。

　キャンプ会場はノースショアの車でしか行けない場所にあります。そのため子どもたちはセントラルYMCAまでバスで行き、そこからは送迎バスに乗って現地まで行きました（送迎バスは別料金）。また海外から直接キャンプに参加することも可能でした。その際は空港までの送迎を事前に申し込んで、飛行機の便名や時間を伝えておき、空港からキャンプ場に連れていってもらいます。娘たちと一緒だった子どもたちの中にも、直接空港から

来ていた子がいたそうです。

・宿泊費（キャンプの前後と母の滞在場所）：ロイヤルクヒオ
（スターツハワイで申し込み）10泊　$1,358（掃除代やホテ
ル税／消費税など含む）1ベッドルーム

　リビングルームとベッドルームの部屋のバケーション
レンタル。こちらは目の前がバス停になっているので移
動に便利でした。ここの他に2日ほどホテル（イリマホ
テル）を利用しましたが、古いホテルではあるものの、
部屋は広めでキッチンや簡単な調理器具もあるため自炊
しやすくなっています。プールもありワイキキの中心に
あるにもかかわらず比較的安いためお子さん連れの方に
はおすすめです。

第 **4** 章

いざ、英語での
中学受験へ

英語を生かした
受験をしたい！

帰国生でないのに英語で受験をすることの難しさ

　私たちは英語塾に入った時点ですでに、自分たちが周りとは違うことに気づいていた。「帰国生じゃない」と言うだけでクラスメイトや先生は目を丸くし、「どういうこと？　じゃあどうやって英語をしゃべれるようになったの？」とまた今まで通り聞かれる。

　生徒のほとんどが帰国生だという中に紛れて過ごしていると、さらに気まずさが増す。受験時のインタビューの質問やエッセイのお題の多くは、海外に住んでいた経験がある子向けに作られているからだ。毎回「実は私たちは日本にしか住んだことがないのですが……」から答えが始まるし、自己紹介ですら苦労することが多い。中学に入ってからは私たちの周りの友達や先生はちゃんとこのことを受け入れて理解してくれているため、今まで経験してきたアウェイ感をあまり感じなくなり少しホッとしている。

　他の人と同じように受験することも難しかった。英語で受験できる帰国生向けの試験は当然、私たちには受験資格がないところがほとんどだからだ。
　一番ショックだったのは、母とモアが帰国生にとってはトップ校の1つである学校の説明会に行ったときのことだ。私は受

ける予定がなく、二人だけが参加して帰ってきた後に、母から説明会での様子を聞いた。母がそこにいた担当の先生に私たちのことを説明し、受験してもよいかどうか聞いてみたところ、「受ける資格はありますが、レベルが相当高いのでインターナショナルスクール生でも難しいテストですけど」と言われたそうだ。「しっかり英語環境にいた帰国生でなければ、受けても合格は難しい」というニュアンスが会話に含まれているように感じ、母は残念な思いをしたらしい。

　当時は日本のインターナショナルスクール生には、帰国枠で受験できる学校が多くある中、普通の小学校に通う子どもは、首都圏の場合は一般受験日である2月1日から受験するという選択肢しかなかった。私たちのような子にとって、帰国生のように英語メインで受験するのは想像以上に難しく、狭き門だということに気づいたのだった。

　しかし最近では、帰国生ではない子が英語を含めた教科で受験できる首都圏の学校は、以前に比べて増えてきたようだ。おうち英語を続けている家庭には状況が良くなってきている気がしている。

 母からの解説

　5年生になって子どもたちも受験する学校をだいたい絞ったこともあり、今まで国・算・英で通っていた塾も、6年生になると、トワは英語塾のみ、モアは英語塾と算数の通信教育にすることで負担と費用を抑えました。周りから見たら思い切った選択だったと思います。

　そもそも我が家が中学受験を考えたきっかけは、自宅で

の英語子育てからスタートして英語力をつけてきた娘たちに自分たちの得意なことをさらに伸ばせる環境を国内で見つけてあげたい、と思ったことです。そのため英語教育に特化している、帰国生も多い学校をメインに考え、もし不合格になったら、地元の中学に通いながら英語教育が続けられる道を探す予定でした。

　当時、夫は英語教育に対しても中学受験に対しても否定はしないものの、あまり肯定的ではなく、私に一任するようなところがあったことも、中学受験をどうしてもしたい訳ではない理由の一つだったかもしれません。

　受験というものはお金がかかってしまいますし、塾側も色々な対策授業や合宿、テストなどをすすめてくる場合があるので、子どもたちに何が必要で、志望する学校にはその対策講座が本当に必要か見極める必要があると思います（我が家の場合は2人分ということもありシビアに考え、一般塾の合宿には参加せず、英語塾の講座もかなり厳選して参加しました）。

　たくさんの対策講座に参加しても消化し切れないのであれば、お子さんにとっても負担になるだけで、効果的ではないと思います。

　ここまで帰国生やインター生でないことで、子どもたちはちょっと居心地の悪い経験もあったようです。

　おうち英語などで英語力をつけてきたお子さんの中には、娘たちのように、英語を生かした受験をすることについても周りに色々言われた経験がある方もいるかもしれません。

　さらに、我が家では「日本にいても英語を使うことが当

たり前の環境」を意識していたおかげか、彼女たちの中では英語を使うことはもちろん、日本文化のように欧米文化を取り入れることは、自分たちのアイデンティティの一つととらえていたようです。そのため、異国の地で頑張ってきた帰国生のお子さんたちとはまた違う苦労があったようです。

　受験科目に英語が選択可能な一般受験も増えています。帰国生の日程での受験も含め、出願の資格や受験科目は、今までは大丈夫だったけどだめになった、またその逆で大丈夫になったなどということがありますので、気になる学校があれば、毎年説明会に参加するなどして動向をチェックしておくことを強くおすすめします（最近ではインターナショナルスクール生のお子さんの受験資格が変わってきているようなので、動向が気になります）。

宿題提出でタイピング練習

　6年生になると、私たちが通っていた塾のオンラインのオリジナルウェブサイトを使って課題を提出するというシステムに変わった。このおかげで早いうちにキーボードの使い方や基本的なファイル、ドキュメント、スライドの共有方法を知ることができた。そのおかげでもしかしたら母よりもPCの使い方やタイピングに慣れていると思う。中学に入学した後は課題を同じようにオンラインで提出することもあるため、PCやタイピングに早いうちに慣れた方が便利・有利だと感じている。

塾側から毎週新しい詩や短編物語、おすすめの動画（TED-Ed
や TED Talks、Crash Course などが多い）がサイト上に投稿され、
すべてを見ることも宿題の一部だった。

　このサイトのおかげでたくさんの文章に触れることができた。
中学の授業で扱われる物語や詩はこのとき読んだものばかりだ
った。

 母からの解説

　タイピングのスキルは、その後中学校に入学してもエッ
セイをパソコン上で提出したりするうえで役立ちますし、
何よりもその後英語テストの TOEFL や、主にアメリカの
大学受験時に必要なテストである SAT（アメリカの大学受験
に必要な共通テストのこと）などの公式の英語テストを受け
る際に必要になってきます。

　中学に入って早速 TOEFL や SCAT（School and College
Ability Test）をテストセンターで受けてみた際にも、時間
内にタイピングでエッセイを書き上げる必要があるため、
日本の公立小学校でパソコンを使って授業を受けるような
経験がなかった娘たちにはいい経験だったと思います。今
のお子さんならもう少し早く始めておいたほうが、慣れる
という意味でもいいかもしれませんね。

いざ、受験へ！

英語で受ける中学受験対策

　英語塾では組分けテストの結果によってクラスが決まるのは一般塾と同じで、そのクラスでまず基本的な授業や受験対策をしていた。

　私たちは6年生の前半にはこの基本クラスのみに参加し、後半になると志望校に合わせたコースにも申し込んでさらに授業を受けていた。この当時取り組んでいた受験対策は次のようなものだ。

📖 リーディング

　受験対策でよく言われていることは、「とにかく大量の本を読むように」。ここでまた本が登場、いかに読書が大切なのかがわかる。小6の10月頃になり、塾と学校の勉強に追われていたときはほとんど本に手を付けなくなっていた。週に1冊のペースのはずが、1か月に1～2冊くらいにまで減っていて、保護者面談のときに母がカウンセラーから「トワはもう少し本を読んだほうがいいと思います」と指摘されたらしい。私たちが階段で本を読む様子を見かけなくなったことに先生やスタッフは気づいていたのかもしれない。

　帰国生入試ではクラシック本の一部が出題されるのが当たり前になっているくらい、クラシック小説は定番だ。これまで、

『The Borrowers』『Pride and Prejudice』『Wuthering Heights』『The Great Gatsby』『The Secret Garden』など様々な有名な本を題材にした過去問をやってきた。私たちはこれらの本をすべて Kindle で購入して読んでいる。

Kindle ではクラシック本のほとんどを無料で買えるため、有名な本は、とりあえず Kindle のような電子書籍リーダーで手に入れておくといい。面白くなかったら置いておき、後で気になった時や、過去問のリーディングで出題されていたら、その時また戻って読み返す。

小3のところで紹介した通り、Kindle で読む利点は、わからない言葉や初めて登場する人物名をハイライトすればすぐに検索・翻訳することが可能なところだ。クラシック本に慣れていない人にとってみればとても便利で、よりスムーズに本を読めるようになる。私たちがこの頃に読んだおすすめの小説は後ほど紹介する。

本と言っても、英検のときと同じく小説だけでは受験は闘えない。国語のテストと同じように、物語のほかに小論文、説明文などが出題されるのが定番だ。

ほとんどの場合、リーディングの問題にはA〜Dの選択肢があり、その中から答えを選ぶ。選択肢には難しい単語を入れてくることが多く、生徒を迷わせる目的で作られている。そこで私は、「絶対にこれではないな」という選択肢にバツをつけ、2つまで絞ってから答えを出すようにしていた。こうすれば、もしわからないとなっても半分の確率で正解することができる。ある意味当てずっぽうではあるが、この方法でだいぶ点数を伸ばすことができた。

📖 面接

　新しく学んだ語彙（Vocabulary）や類義語（Synonyms）を面接中の会話やエッセイに取り入れようという意識がとても大切になる。

　例えばインタビュー練習のときには「I tried to ～」を「I endeavored/attempted to」「I hated ～」を「I abhorred ～」に言い換えたりして、わざとより高いレベルの言葉を選んで話すことを意識した。他にも「子どもっぽい話し方だとあまり語彙力がないように映るから、なるべくしゃべり方に気をつけたほうがいいよ」とクラスメイトからアドバイスをもらい、これを意識して話すようにしていた。

「子どもっぽい話し方」とは具体的にどんな感じなのかを説明すると、be 動詞（be、are、was、is など）、happy/sad、good/bad、pretty ～ /kind of ～　などの言葉を使うこと。Be は基本的な動詞の形のため、繰り返し使うと、クリエイティブさや独自性を失ってしまい、だらけた回答に聞こえてしまう。もっと具体的な動詞や名詞を使う方がよい。

例：I want to be a student in this school.（私はこの学校の生徒になりたい）

　これを be 動詞なしの文に直すと、

例：I want to enroll in this school.（この学校に入りたい）

少し意味合いは変わってしまうが、長い文章だった場合、こっちの方が率直に伝わる。

　また、be動詞を抜きにすると、文を簡潔にまとめられる。

　例えば、「These ideas are impressive and have……」を「These impressive ideas……（動詞）」に換えられる。

　happy/sadは感情を表す言葉なので、その感情をいかに細かく、上手に表現できるかが評価される。単にhappyでまとめてしまったらもちろん評価されない。ニュアンスに合わせて類語を使ったり、比喩表現を使ってユニークさを押し出していくのが大事だと言われている。比喩表現を使うと大げさに聞こえると思うかもしれない。だが、その大げさなくらいが逆に丁度いいのだ。すべてが嘘になるくらいまでになるとさすがにだめだけど……。

📖 エッセイ（ライティング）

　エッセイでは気をつけないといけない点がいくつかある。構成がちゃんと整っているか、話の流れがはっきりしているか、自分にしか書けない内容なのか。

　ネイティブの先生によく言われていたのが、「エッセイの面白さはイントロで決まってしまう」。学校側は何千人もの小学生のエッセイを読み、採点をしている。半分くらいまで来るときっと疲れてくるだろうし、同じパターンで書いている人が何十人もいたら飽きるだろう。厳しい先生だと、最初の文を読んで全く面白くなさそうだったら減点をするらしい。周りと重なってしまう平凡なイントロを書き続けていると不合格になる確

172

率が上がってしまうだろう。

　私たちがよく使っているテクニックは、本である場面のようにイントロを書くこと。あるいは、そのトピックについて知っている知識・統計を含めて書く。例えば、「AI が将来、完全に人間の代わりとして働くようになると思いますか？」というお題があったとしたら、イントロで「〜大学によると、2030 年までに〜割の職業が AI に任せられるようになる」など、事実を根拠にして書くとよい。

　また、自分の経験について聞かれているトピックであれば、クライマックスで自分の感情だったり、印象に残ったシーンに焦点を当てて大げさに書く（これは本を多く読んでいれば簡単に使えるテクニック）。言いたいことを強調したいときは、ドラマチックに書くのがおすすめ。

「トピックについて知っている知識・統計」といっても、必ずしもよく知っているトピックが出題されるわけではない。いかに自分が書きやすいように質問の答え方を変えるかが重要なのだ。特に、自分の趣味・好きなことに絡めて書くと良い。エッセイを読んでいる先生からすると、「この子はこういう人なんだ」とすぐにわかるし、生徒の情熱も伝わりやすい。でも純粋に「好き」というだけでは周りと差別化することができない。

　自分の興味関心のあることについてオタク級に調べ、面接でもエッセイでも語れるくらいに準備しておかないといけない。モアの場合は音楽に興味があり、科学的観点から音楽を聴く利点を調べてそれらを書いたノートを試験に持っていったそうだ。実際にエッセイには音楽の話を交えて書いたらしい。モアは他にも偉人の最期の言葉を集める趣味をもとに、印象に残った言

葉を数多く暗記していたそうだ。

A中学校の受験

 トワ

　私は文章を制限時間内に書くことが苦手で、エッセイの練習ではいつも焦ってしまい、思った通りに書くことができなかった。じっくり考えて何度も修正しながら書くのが私のスタイルだったため、「受験のライティングは自分には合わないな」と悩んでいたところに、A中学校は入試にライティングが出ないという話を聞いた。それが、A校を受けようと決意した理由の一つだった。

　A校の入試問題は半分くらいが文法問題で構成されていたため、文法が得意な子にしてみればとてもありがたく、テストの文法問題は毎回9割以上得点できていた私にとってもピッタリだった。家では『全問正解する TOEFL ITP TEST 文法問題対策』や『全問正解する TOEFL ITP TEST 文法問題580問』（ともに語研）など、主に文法対策に取り組んだ。他にも『Kallis' IBT TOEFL Pattern Reading』（Kallis）など、リーディングの本も TOEFL の本で練習していた。別紙に答えを書き自分で丸付けし、間違えた問題にだけ、直接本に印を付けておいた。問題集をもう一度解くときに印を見れば、文法において苦手な問題のパターンがひと目で分かるので、自分に合った対策方法がやりやすい。少なくとも 2.5 周ほど解き直していた。

　私が主に使っていたテキストはA〜Dの四択問題だったので、逆にここまでやると答えを記号で記憶してしまうかもしれ

ない。「問題集に慣れちゃったな」と感じた時は、頭の中でなぜその答えになるのかを自分に解説しながら解いていった。

　他にも、私は試験中の時間配分があまり得意ではなかったので、A校の実際の入試の問題数と制限時間を調べた。平均で一問にかけられる時間を計算し、問題数に対応した制限時間を設定して、時間内に問題に解く練習をした。この練習方法は効果的だったと自分でも思う。

　文法対策以外には、面接の練習もしていた。

　実際に過去の面接で聞かれていた質問を調べ、少しバージョンを変えて答える練習も授業だけでなく、オンライン英会話でも行っていた。

　予想外の質問をされると、焦って um や uh などの口癖が多くなり、アイコンタクトもできなくなっていた。まずはとりあえず思いついた答えを言ってみる。そこからさらに、自分の経験や価値観、性格がはっきりわかるような説明できるとベスト。

　例えば、"If you were to become a vegetable, what vegetable would you want to be?"（もしもあなたが野菜になるのなら、何の野菜になりたいですか？）という質問を受けたとする。

　オンラインレッスンで私はこの野菜の質問を聞かれたとき、ピーマンになりたいと答えた記憶がある。その理由として、「よく子どもが嫌う野菜ではあるが、私自身はピーマンが一番好きですし、自分を食べられるようになった子どもの成長を見たらすごい達成感を感じられると思うからです」といった感じで説明した。

　結構適当な答えではあるが、単に「ピーマンが好きだからで

す」という浅い答えよりまだ良いほうかなと思う。もっと良い例だと、わざと昔嫌いだった野菜を選び、その野菜が食べられるようになった自分の成長を説明し、それを成し遂げたうれしさ、達成感からその野菜になりたいと思います、と答えたら完璧だと思う。

B中学校の受験

 モア

　B校は入試問題の形式がSATに似ているため、SATの合宿に参加したり、SATの問題集を使ったりして対策をした。

　例えば文法問題は、B校の入試もSATも同じように空欄の形式に合うように適当な言葉を当てはめる形式だ。問題の出し方・答え方に慣れるためならいい練習になる。

　SAT合宿に参加したときは、朝8時から夜の10時まで食事の時間を除き、ほとんど一日中SAT対策のための時間だった。配られた教科書を使って模擬試験を受け、採点し、解説してもらった。教科は英語と数学で、英語はリーディング・文法・ライティングなどがあった。セクションごとに担当の先生が教えてくれた。

　数学は日本人の生徒はアメリカより進んでいるそうなので、基本的な数学単語を覚えればほぼ心配ないと思う。私は小6だったため、まだあまり理解できなかったが、英語のライティングでは高得点をもらえた。

　ライティングは、出題されたテーマや文章にもとづいて自分の意見を論ずる形式のため、どのような言葉を使い、どんなフ

ォーマットで書けばよいか細かく教えてもらえた。

　B校は、特にその人の個性を重視するため、面接やエッセイが得点稼ぎのカギとなってくるようだ。これらは自分の興味や性格を見せられる唯一のセクションで、他人と差をつける重要な部分になる。

　私は毎日オンライン英会話で先生に面接官の役をしてもらって模擬面接をしていた。

　こちらが何もリクエストをしないと、多くの先生達は「面接の質問」という検索をしているのか似たような質問をし、同じ返事で返すが多くなってしまうし、こちらも質問に慣れてきてしまう。

　必ず面接では聞かれる自己紹介であっても、毎回少しずつ変え、まったく同じ答えを使いまわして慣れないように気を付けた。他にも質問に関しては、母が用意した質問を先生に送り、それを答えることも行っていた。

　面接では明るく振舞い、楽しむことも大事だということを学校でも聞いたことがある。私も好きな本や最期の言葉について話す時、確実に目も声も大きくなり、身を乗り出しているのを感じていた。

　最初は緊張しながらも最後は楽しく話せたため、最後部屋を出る際に、"Have a good day!" と言って部屋を出た。面接官の先生たちは驚いていた様子だったが、笑顔で「Thank you, you too!」と返してくれたことが今でも印象に残っている。

母からの解説

　基本的に受験に関してはほとんど英語塾に任せきりでした が、宿題をきちんと終わらせているかという点は気にか けていました。また宿題にエッセイのトピックが出された 際は家族で話し合うなど、子どもが（我が家は二人ですが） やっているという感覚にはしないようにしてきたつもりで す。エッセイの内容などは私は書かれている英語がよくわ からなかったので、あまり口を出せなかったのが、変に子 どもたちのストレスになることがなかったのかもしれませ ん……。

　自宅で私がやっていたことといえば、志望校の入試対策 になりそうなものを探して子どもたちにすすめたり、参加 するように声をかけたりしたことです。

　トワの志望校は、在校生のアドバイスに TOEFL のリー ディング問題を解くと良いと書いてあったため、TOEFL の問題集を色々購入し自宅でずっと解いていました。

　面接練習ではこの時もまた主にオンライン英会話に頼っ ています。より多くのフィードバックをもらうため、毎回 質問内容を変えてもらいました。

　トワの志望校は独特な質問が多い学校だったこともあり、 こちらで質問事項を送った質問や、先生独自の質問をして もらい、フィードバックをもらっては次回のレッスンに活 かしていました。

　モアの志望する学校の問題は、SAT の問題と似ている

という内容の記事を見かけたため、それを頼りに SAT の勉強をすすめてみました。ですが、かなり分厚いテキストを一人でこなすのはあまりにも大変そうだったため、本人と相談のうえ、以前から気になっていた SAT 合宿に参加させることにしました。このような合宿を日本で探すのは難しく、一人で勉強するよりも良いと思ったため、のちにトワも参加しています。

SAT とはアメリカの大学受験の際に必要となる英語と数学のテストで、日本の共通テストのようなものです。そもそもアメリカの高校生が受けるような問題の傾向に中学入試の英語のテストが似ているということも驚きではありますが……。

モアたちが参加した合宿は、「アメリカおばさんのブログ」でのみ紹介されているもので、アメリカに住んでいる日本人のファミリー（お子さんは二人とも医学生で、高校を首席で卒業されています）が日本に帰国した際に行われている SAT 特訓コースのことで、東京のホテル3泊4日の合宿。メインの講師はそのお子さんたち二人が務めます。

もちろん参加者のほとんどは大学受験のために SAT で高得点を目指す高校生で中学生は数人、小学生にいたってはほとんど参加者はおらず、過去の最年少は5年生だったそうです。低学年である場合はやはり年齢的なこともあり、きちんと勉強する意志があるかを事前の連絡で聞かれますが、やる気のある子は大歓迎とのこと。3泊4日の合宿中は、親や友達との連絡は禁止ですが、その代わり子ど

もたちの様子やホテルで出される食事などを写真で送って
きてくれます。

　朝から夜まで休憩時間以外はずっと勉強で、分厚い
SAT のテキストをこなしていくそうです。エッセイを書
く時間もあり、それに対するフィードバックももらえます。
また当時モアは、数学はチンプンカンプンのようでしたが、
電卓を使用した解き方なども指導してもらったようです。
　SAT の勉強を皆でできる場所も日本では少ない上、や
る気さえあれば小学生でも受け入れてもらえ、一緒に勉強
した経験は、娘にとっていい刺激となったと思います。
　自宅に戻ってからは、読書は今まで通り行い、塾の宿題
以外にも自分で SAT のテキストを解いたり、TOEFL の問
題集などに取り組んだりもしていました。

受験のときのアドバイス

　当日受験するときに注意するよう言われたことが何個かあり、
私たちも気をつけていたことがあるので、いくつかここで紹介
しようと思う。

📖 1. 言動に気をつける

　これはどんな試験でも基本的にそうだが、受験日は特に気を
つけるべきだ。具体的に言うと、試験会場の廊下やトイレで騒
いだりするのはもちろんダメ、電車でもいつも以上に自分の行
動を意識したほうがよい。実際にある受験生が乗っていた行き

の電車に試験監督が偶然乗り合わせていたり、試験の間の待ち時間の受験生の様子を先生が見ていたという過去の例を聞いたことがある。

もしその電車でちゃんとしていなかった場合、印象が一気に悪くなり、減点や不合格につながる可能性が高まる。あと校内では誰に会ってもしっかり挨拶をすること。とはいえ結局のところ、受験日に突然普段の生活態度を直そうとしても難しいから、日頃から外での行動に気をつけるべきなのだが。

モアは塾の先生に、できれば休憩時間中に周りの生徒にちょっと声をかけてみるといいよ、というふうに言われたらしい。私もこのアドバイスを参考にし、当日後ろに座っていた女の子に「緊張してる？」と話しかけ、試験が終わった後も「一緒に合格できるといいね」などと言い合い、ちょっとした会話をしてみた。

もとから私は周囲に対するライバル心があまり強くないこともあり、いつも通り気楽に話すことができたが、この会話には当日の緊張や不安を和らげる効果があったと思う。無理して明るく振る舞おうとするのではなく、同じ受験生と話すことで、自分自身も相手も気持ちが楽になるように、そして二人とも合格したら入学後に友達になれるようにと考えて、先生はこのようなアドバイスをしてくれたのではないかと理解している。

📖 2. ちょっとしたお菓子を会場に持っていく

脳に必要な糖分を摂らないといけないのもそうだが、私の場合は単純に試験中にお腹が鳴るのを防ぐためだった。個包装になっている一口サイズのグミやチョコが食べやすい。休憩時間

はだいたい 10 分以上あるのでトイレに行ったり食べたりする時間は十分あると思う。

📖 3. エッセイで書く内容に気をつける

　特にネガティブな言葉遣いやわかりにくい言い回しはいつも以上に避ける。誤解を招くような書き方は点数が引かれてしまうため、時間があれば客観的にエッセイを読み直し、「この表現の仕方でも伝わるかな」と考え直してみるといい。そして不快に思われてしまうようなトピックはデリケートに扱わないと大きなマイナスにつながる。

　例えば戦争の話だったり、人種差別、メンタルヘルスなどの問題を取り上げて書こうとする生徒は多いが、気をつけないと無意識に偏見のあるような書き方になってしまうこともある。多くの学校でテストをチェックするのはネイティブの教師のため、外国人がセンシティブになりがちな問題をどう扱い、どう書くかは試験結果に大きく関わる。

　私も過去に似たような過ちをおかしてしまった経験がある。小6の最初に英語塾で書いたエッセイで、「誰を一番尊敬していますか？」というお題に対して、マーティン・ルーサー・キング・ジュニアを選んだ。そして参考にしていた人種差別に関する本に使われていた言葉を引用してエッセイを提出すると、先生から「なぜこんな言葉を使ったの？　意味を知らずに使ったの？」といったフィードバックが返ってきた。アメリカで言うところの N-word を間違えて使ってしまったのだ。「黒人」という意味を持った言葉だが、黒人以外の人種の人が使うと軽蔑的な言い方になってしまうような言葉だった。参考にした本

の筆者は黒人だったため普通に使われていたのだが、私はそういう背景を知らずに軽い気持ちで使ってしまった。入試のエッセイではなかったので、先生からの注意だけで済んで私はある意味ラッキーだった。でもこれがもしも入試のエッセイだったら、私は合格するチャンスを失っていたかもしれない。

　私のように海外生活の経験がなく日本で英語を身につけた子は、そのようなことを実体験で覚える・学ぶ機会がほとんどないため、気をつけなければいけない。

学校見学や情報集めで母も大忙し

　小学校の低学年から気になっていた学校の説明会に時々一人で参加していた母だったが、さすがに5、6年生にもなると、のんびり情報収集というわけにはいかないようだった。ここからは母に説明してもらう。

 母からの解説

　学校の情報は年によって変わることもあるため、気になる学校はできるだけ早めに説明会などに参加することをおすすめしたのは前述の通りです。

　その中で私が気になった点などをお話しします。

文化祭や説明会などに参加することの大切さ

　最近では人気のある学校は、説明会を予約するだけでも、枠がすぐに埋まってしまい、一苦労です。お子さんの都合などを合わせて考えていると、なかなかタイミングが合いません。そのためまずは親御さんだけが参加するのも良い

と思います。親目線で見学することも大切ですし、説明会に参加した時点で"うちの子には合わないな"とわかってしまう学校も多いからです。

📖 家庭の教育方針

　我が家の場合ですと、「今の英語力を伸長できる学校・カリキュラムなどの関係で進路の選択肢を狭めない学校」という点が基本でしたから、完全に合わない学校であれば、子どもたちを連れ回す必要もなくなります。親御さんから見ていいと思う学校があれば、そこからは一緒に授業体験や文化祭などに行くようにすると良いかもしれません。

　文化祭や体育祭なども面白いですよね。特に文化祭は学校のカラーがよく出ている気がします。ある学校の文化祭は生徒さんのプレゼンテーションがメインでした。そのため、娘たちはあまり楽しくないといった印象を受けていました。他には、体験型の発表をしている学校、昔ながらの楽しい文化祭といった感じでワイワイと生徒さん自身が楽しんでいるところなど、本当に各校の特徴が出ています。

　授業体験ができるところでは、もちろん英語の授業も体験してみると良いと思います。その学校の英語レベルがよくわかるとまではいきませんが、どんな先生がいてどういった様子で授業が行われるのかがわかります。

　これだけで学校のすべてはわかりませんが、そういったことを積み重ねて、子どもたちも自分の行きたい学校を絞っていきました。帰国生受験を予定しているまだ日本に帰国していないご家庭は時間がなかなか取れないので難しい

と思いますが、学校行事などに参加できたときに在校生や先輩ママさんから学校の様子を聞けると学校の事がよくわかると思います。

📖 学校見学での印象やエピソード

ある学校では、英語受験の子は入学時に英検2級程度のレベルがあることを想定しており、その子たちも入学後は初めて英語を習うお子さんたちと同じクラスで学ぶ、という説明を受けました。そこで、英検2級よりも上のレベルの子向けの取り出し授業があるかどうか聞いてみたところ、「そんなに英語力があるのなら、もっとほかの学校が良いと思いますよ」と言われてしまいました。

英語が受験科目となっている別の学校でも、「みんなABCからやっていきます」との回答でした。そうなると英語経験者の子にとってみたら、ちょっと違うな、つまらないなと感じるかもしれません。

こういった数々の学校見学によって、英語に力を入れていると言っている、または英語が受験科目になっているからといって、英語の授業は必ずしもこちらが期待したレベルである、または今の英語力が伸長するとは限らないということがよくわかりました。

新しいコースや新校を設立するなどちょうど転換期を抑えている学校の場合、先生側でも把握していないことが多かったり、説明と実際が違うというようなこともありました。新しい学校の場合は期待もありますが、卒業生が出ていないのでまだ詳細がわからない点もあるということを考

慮した学校選びが大切になると思います（国際系の学校は人気のため、最近でもどんどん新設校ができています）。

　すでにお子さんが英語学習をされていて、お子さんたちの英語力を伸ばしてあげたいと考えているのであれば、ご家庭の方針と学校の考え方が一致しているか、学校見学で確認したり、先生に質問したりすることは本当に大切だと感じています（英語の取り出し授業があるか、海外への留学等についての学校の協力体制など）。

　また子どもたちが述べているように、帰国生が多い学校でもこの当時、日本にあるインターに通う子は「帰国生として」受験が可能であるが、普通の小学校卒業では受験資格がないと言われることもありました。資格や受験科目などは毎年変わっていますので注意が必要です。

私たちが使っていたアプリ

📖 Quizlet（ボキャブラリー）

　156ページにも紹介した学習アプリで、Quizletはタイピングの練習と言葉と定義を合わせるゲームを通してボキャブラリーを楽しく覚えることができる。英検などの対策として自分用にテストを作ることもできたし、オンラインフラッシュカードも作れて役立つ。

📖 Grammarly（エッセイ）

　文法をチェックしてくれるアプリで、文法の正しさによって

点数をつけてくれる。文章の目的やトーンを設定することでアドバイスが少し変わるらしい。伝わりやすさや言葉の難易度レベルも採点してくれるところがありがたい。私は文法の正確さに関してはまあまあ自信があるが、大事な課題やトーンが重要となるスピーチを書く時は、今でも最後に Grammarly に添削してもらっている。

　テキストボックスに文章を打ち込むだけで AI がすぐに見てくれるため、急いでいる時には特におすすめする。さらに、Grammarly Premium という有料のプランもある。利用すればより正確にチェックしてほしい場合に役立つ。

 モア

　文法が苦手な私にとって、気が楽になるほど便利だった。

　このアプリは文法の正しさや文章の長さ、使う言葉の難しさを分析し、おおよその点数をくれる。これによって文法の間違いに気づかされとても役立った。あくまでもエッセイの提出物などの課題でしか使えないし、特に文法を習えるわけではないが、使い方が簡単で頼りになるため今でもよく使っている。

　最初は基本的なスペル間違いや文法間違いなどを指摘してくれる無料版を使ってみて、文章のトーンや剽窃のチェックなどもしてくれる有料版のプレミアムを使ってみるか検討するのも良いと思う。

📖 UN News（時事問題）

　時事問題についてより高いレベルで知りたい場合にはこのアプリがおすすめ。国連が提供するニュースのため、特に信用で

きる素材で安心する。様々な社会問題を分野別に最新のニュースや実験結果が見られるため、自分が興味関心のあることをもっと知ることができ、エッセイでも面接でも役立つと思う。

📖 TED-Ed、TED Talks（リスニング、スピーチ）

公開されている動画にはアニメーションと TED 講話の2種類がある。アニメーションは絵でわかりやすく楽しんで見られるのに対し、講話はリスニング力が必要だが、面白い内容であれば長い動画でも一瞬のように感じられるほど釘付けにされる。それぞれに魅力があり、どちらもおすすめできる。

📖 NHK WORLD-JAPAN（日本の時事問題）

日本国内のニュースを英語で聞く場合は、やはり NHK WORLD-JAPAN がいい。特に英検のライティング問題に出てきそうな日本における社会問題や現在話題になっているニュースが取り上げられたりするため、よく聞いていた。

受験時期に読んだ本

毎日のように読書をしていたので、おすすめしたい本を2、3冊に絞るのは非常に難しい。なので「これだけでもとりあえず読んでほしい！」という本をジャンル別に厳選して紹介したいと思う。

トワ

クラシックは比較的読みやすいファンタジー系やおとぎ話系の話が好きだった。クラシックを初めて読む子は『Five

Children and It』（E. Nesbit）『Anne of Green Gables』（L. M. Montgomery）『The Secret Garden』（Frances Hodgson Burnett）『Little Women』（Louisa May Alcott）あたりから手を付けていくと良いと思う。最初の本以外は男子よりも女子に人気があるように感じられる。男子は『The Adventures of Huckleberry Finn』（Mark Twain）や『Ender's Game』（Orson Scott Card）に興味を持つことが多い。

　他にも、クラシック本ではないが『Forrest Gump』（Winston Groom）はすごく好きで、映画を見る前から読んでいた。人によっては簡単そうに思えるかもしれないが、ユーモアと深みのある話だ。面接の練習と実際の入試の面接で「好きな本はなんですか？」と聞かれれば、この本だと答えていたくらい好きな本だった。まだ英語の文章を読むこと自体に苦労している子には、オーディオブックをおすすめしたい。目で文字を追うのと耳で音声を聞くのでは、ストーリーの理解度が全然違う。難しい本は、オーディオブックのほうがわかりやすく、記憶にも残りやすい。一度紙の本を読んでからオーディオブックを聞いてみるのも良い。

　ちなみに私の場合、風景などの描写が続いて会話文がまったく出てこない部分を読んでいると、文字がブワッと並んでいるように感じられ、読む気が失せてしまう。かといって飛ばして読むと、重要なポイントを見落としてしまうかもしれない。こういうときこそオーディオブックの出番だと思う。

　ちなみに、私たちは『Where the Red Fern Grows』（Wilson Rawls）『The adventures of Huckleberry Finn』『Around the World in Eighty Days』（Jules Verne）、『The Maze Runner』（James

Dashner）と『The Metamorphosis』（Franz Kafka）については読むだけでなく、オーディオブックで聞いていた。このほうが印象が強かったイメージがある。

 モア

『Frankenstein』（Mary Shelley）や『The Phantom of the Opera』（Gaston Leroux）『Les Misérables』（Victor Hugo）、『The Picture of Dorian Gray』（Oscar Wilde）など、比較的「クラシック感」が強い本をおすすめしたい。

　最初は古い本ならではのボキャブラリーやライティングスタイルを理解するのに時間がかかって読むのが難しかったが、読み慣れてくると隠されたメッセージやモチーフを見つけられるようになり、面白くなってくる。

　例えば、Frankenstein は怖いモンスターという印象しかなかったが、原作を読むことで実は彼は哀れな生き物だったという違った視点に気づけるところが面白い。ロボットなど現在の社会にも通用するテーマが物語に織り込まれているため、受験のエッセイでも Frankenstein の名言を引用したこともあった。

『Peter and Wendy』（J. M. Barrie）や『And Then There Were None』（Agatha Christie）、『A Study in Scarlet』など、より読みやすいクラシックもある。単純に物語として面白いだけでなく、読んでいくうちに内容が実はすごく深いことに気づく。『A Study in Scarlet』は Arthur Conan Doyle によるミステリー短編小説だが、予想もつかない展開が物語として面白いだけでなく、その背景を知ることで考えさせられる。

「Critical thinking（批判的思考）」が必要なエッセイや面接の質

問に答える練習として感想文を書くなど、受験対策のためにこの小説が用いられることも多い。

📖 フィクション

　小さい頃にはまっていたファンタジーとは逆に、この頃には現実味のあるストーリーを好むようになっていた私たちは、Coming of age というジャンルの本（日本語では「成長物語」や「青春小説」などという）を読むようになった。

　その例として、『The Outsiders』（S. E. Hinton）や『The Body』（Stephen King）がある。これらの作品の共通点は、10 代の若い男の子たちが主人公で、友情や家がテーマであること。ファンタジーを読んでいたときには自分の想像で本の世界観をイメージしながら読んでいたが、Coming of age の場合、登場人物と自分との共通点や異なる点などを気にしながら読むようにしていた。面白いことに、『The Outsiders』の筆者は 15 歳の時には小説の原稿を書き始めていたらしく、それを知った時は本に対する親近感がさらにわいた。

『Out of My Mind』（Sharon M. Draper）や『Number the Stars』（Lois Lowry）、『Ways to Live Forever』（Sally Nicholls）なども好きな本だった。簡単で短めの小説ではあるが、病を持つ主人公や、第二次世界大戦を舞台にした話など、ノンフィクションのようにも感じられる。

『The Little Prince』（Antoine de Saint-Exupéry）は、特にモアが好んで読んでいた。日本でも日本語版の『星の王子さま』が有名なので、知っている方はたくさんいると思う。多くの人は、子ども向けの本という印象を持つかもしれないが、一般的な物語

よりも哲学的な要素が多く含まれているので、大人でも違う視点で読めるような内容だと感じる。

　小さい頃に叔母から英語版をもらったが、当時は英語が読めても内容はいまいちよく理解できず、6年生になって初めて全部読み通したところ、箱根にあった「星の王子さまミュージアム」（現在は閉館）に行くほど好きになった。世界中で今でも読まれている名作は、年齢に関係なく何度読んでも新しい発見があると感じる。

📖 ノンフィクション

　ノンフィクションは意外と幅が広いジャンルだと思う。最初は手を付けづらいジャンルかもしれないが、子ども向けに書かれているノンフィクションも色々ある。特におすすめなのは『When Breath becomes Air』『The Reason I Jump』『The Diary of Anne Frank』『I am Malala』など。

　『When Breath Becomes Air』は、脳神経外科医として働いていた著者 Paul Kalanithi 自身の人生と、彼が発症していたガンとの闘いを描いた話だ。伝記っぽい感じで書かれているが、ストーリーがちゃんとあり、語り手である Kalanithi さんのリアルな感情を読み取れるところがこの本のおすすめポイント。生死に関わるガンの話だからこそ、子どものときから知っておくと良いのではないかと思う。

　『The Reason I Jump』は、自閉症を持つ東田直樹さんが13歳のときに書いた『自閉症の僕が飛びはねる理由』の英語版タイトル。原作は日本語で出版されているが、私たちはそれを知らずに英語版のほうを先に読んだ。自閉症への理解を得ることが

メインの目標で、Q & A 形式で執筆されている。

『The Diary of Anne Frank』もまた有名で、受験生はこの本を先生たちに薦められることが多い。第二次世界大戦中にあるユダヤ人少女（アンネ・フランク）が実際に書いていた日記が本になっている。当時 13 歳だったアンネは自分の年齢に近かったため、歴史の教科書で書かれている内容とは違った目線で過去を知ることができ、戦争がよりリアルに感じられた。

『I am Malala』は、当時最年少でノーベル平和賞を受賞したマララ・ユスフザイさんが書いた手記。女性の教育に対する想いやパキスタンで受けたタリバンからの攻撃の現実を描いている。色々な社会問題について一人称視点から書かれているので、より個人的なものとして感じられるようになる。たった 16 歳でノーベル平和賞を受賞したマララさんが起こした運動は行動力の大切さや、強い意志と情熱を持てるものがあることの大切さを教えてくれた。

📖 中学校以降での私たち（英語の授業内容や学校の様子）

 トワ

　私の入学した中学校では、帰国生入試で入学した子は入学後にクラス分けテストを受け、英語の取り出し授業のクラス分けがされる。

　一般生でも、テストを受けて合格すれば帰国生向けの英語の取り出し授業を受けることは可能で、実際に参加する子もいる。ただし、その分難しい課題（宿題）は多くなる。クラスにいる帰国生受験で入った子の大半が同じ英語塾に通っていたため、この塾の出身者同士はすぐ友達になれる。

　授業で使う本はほとんど受験時代に読んでいた。授業内容は、本を読んでのグループディスカッション、単語テストやクラスでの本の解説が主。テストではエッセイ（Essay analysis）も出される。課題は大量に出されるので、それを毎日こなすのは大変だ。休みの日も課題は欠かさず出される。

　学校ではみんな仲良しで（帰国生の友達と常に一緒、一般受験で入った生徒も英語と日本語が交じり合う会話に慣れているから、英語で話していても周りに受け入れられやすい）、私のクラスや学年ではいじめなども全く聞かなかった。いろんなタイプの子がいるので友達は作りやすいと私は感じた。実際、高校で移った今でも普段から連絡をとるほどの仲の良い友達が中学で何人もできた。

部活動はあるものの、活動できる時間は長くない。英語ディベート同好会や模擬国連同好会などの英語上級者向けの部活動（部員はほぼ帰国生）もあり、私はどちらの部活にも在籍していたが、個人的には茶道部の活動が一番楽しかった。

 モア

　私が入学したその年から女子生徒もスラックス着用がOKとなった、生徒の声を反映する学校。周りの生徒は優秀な子や才能豊かな子が多く、刺激を受けられるいい環境だ（始業式や終業式などで生徒を表彰する時間があるのだが、大会などで結果を残して表彰される生徒がたくさんいるのに、学校はあまり外にアピールしていない気がする……）。

　英語と日本語を使い分けるのは少し難しいが、この苦労に共感してくれる帰国生がいるためとても楽しい。帰国生はもちろん、帰国生として受験をしていないいわゆる「隠れ帰国」の子も多く、英語で話していても変に思う人はいないと思う。

　この学校は生徒一人ひとりの個性をとても大切にするという印象がある。そのため、みんなの得意分野や興味を示すものに対して、手厚くサポートしたり応援したりしてくれるのがすごくありがたい。またいろんな変わった部活がある。施設が広いため、サッカー部やテニス部などの運動部に興味がある人にもいいし、天文部が利用する天文台や茶道部が使用している本格的な茶室もある。

　同好会などの小さなクラブも多く、自分のやる気さえあれば、クラブの創設も可能。私は部活動には入らなかったが、SDGs

同好会に1年生の頃から参加しており、ビーチクリーンなどのボランティア活動をしている。

　授業については、英語はずっと帰国生のみの取り出し授業を受けている。1年に1回一般生もテストを受けられ、合格すると帰国生向けの取り出しクラスに入れるのだが、授業がネイティブレベルの内容のため、合格者はほとんどいないらしい。

　国語、数学も最初は帰国生取り出し授業がある（普通のクラスの授業のほうが高度）。先生に一般の授業についていけると判断されると、そこからは普通の授業に合流するのだが、一度入ってしまうと取り出し授業に戻ることはできない。その他の教科はすべて同じ授業を受ける。

 母からの解説

　受験の結果、有難いことに子どもたちはそれぞれ希望した学校に通うことになりました。しかしモアについては、トワと同じ学校と現在の学校のどちらに通うかで家族でもかなり悩みました。

　片道2時間もかかるという距離の問題があり、私個人としては「トワと同じ学校に通ったほうがよいのでは？」と考えていましたが、通うのは本人ですから、家から遠いという理由だけで行きたい学校を諦めさせることはできませんでした。

　そのため英語塾の担任で全幅の信頼を置いていたネイティブの先生に、どちらに行くか悩んでいることをメールで伝えると、先生からは「その片道2時間が大変なことは十分理解できるが、あなたがその時間をどのように（有効

に）使えるかを考えて決めるとよいだろう」という返事を
いただきました。その結果、今までのように道中で読書な
どをしながら通うことにする、と決めたのです。

　モアは入学後、一度も引っ越ししたい、通学をやめたい
などと言うことなく、3年間この通学路を通い続けました。
彼女の貫き通す性格もありますが、それだけ魅力的な学校
であることには違いないと思っています。
　この学校は自分たちで考えさせることを学校全体でぶれ
ずに行っているため、親も同じように考えさせられる（手
を出しすぎず、見守る）こともあり、親子で成長させてもら
えた3年間でした。
　皆さんの中も通学時間で悩まれている方がいらっしゃる
と思います。モアがかわいそうだと思う方もいるかもしれ
ません。確かに大切な3年間は、電車の中で宿題や読書
をして過ごしていました。しかし学校には90分かけて通
うお子さんも周りには多くいらっしゃいますし、それでも
お子さんたちが楽しそうに学校に通うことが、何より大切
だと思っています。
　個性豊かで様々な才能にあふれた恩師や同級生に囲まれ
ているため、英語力だけでなくそれ以外の面でも刺激を受
け、多くのことにこれからも挑戦する子になってほしいと
思っています。

　その後転居することが決まったため、トワも高校受験を
経て高校からはモアと同じ学校に2人で通うことになり

ました。

　トワが今までお世話になった中学も、彼女がずっと目指していた学校で、高度な授業により英語力も伸長し、英語以外の教科も鍛えてもらえました。何よりも、最高の友人たちに出会えた場所だったようです。

📖 私たちからのメッセージ

 トワ

　母が私たちに生後11か月から始めたおうち英語が、現在の年齢になった私にとって、これほどまでに不可欠なものになるとは思ってもみませんでした。今でも"英語がなければどうだっただろう？"と考えることがよくあります。二つの言語が使えるおかげで、世界が広がり、多くの情報や選択肢を手にできると感じることもあります。

　今後も大学や就職、もちろん日常生活においてもこの先の私の人生は、英語が身近にあるのが当たり前の生活になると思います。そう思ってふり返ってみると、このような経験や機会が得られたことは、苦労した点もありますが、恵まれているとつくづく実感します。

　私たちは「変わり者」に見えるかもしれません。しかし日本にずっといても、インターナショナルスクールに通わなくても、実践して継続すれば可能なことだと思います。

　そのため「おうち英語」で英語を身近に感じる子どもたちが増えるといいなと思っています。

モア

　英語を「学習」と捉えて過ごすより、これらを楽しい「体験」として過ごすことで、リーディング・ライティング、スピーキングやリスニングという4つのスキルを同時に伸ばせたと思います。その中で、ライティングで自分を表現する楽しさも覚えました。また言語を家で学ぶだけでなく、西洋文化に意識的に触れさせてもらえたことで、主にアメリカの習慣をはじめ文化、社会問題や価値観なども理解できるようになりました。

　私たちの場合、小さい頃からの取り組みの積み重ねが、このような結果につながったと思いますが、これらを完全に真似すべきものではないでしょうし、私たちが試してうまくいかなかったこともあるため、この本が自分（のお子さん）に合った取り組み方を探すきっかけになれば嬉しいです。

トワエモア

中高一貫校に通う双子姉妹。高校1年生（2023年12月現在）
日本生まれ、日本育ち。英語は苦手ながら英語教育に熱心な母により、小さいころは「おうち英語」からはじまり、親子短期留学や英語の幼稚園などに通うなど、英語が周りにあることが当たり前の生活を送る。その甲斐あって小学校に入る前に二人とも英検3級に合格。小学校は近所の公立小学校に進学するが、引き続き短期留学や家庭での英語学習などを駆使して英語がある環境で暮らすことで、二人とも小1で英検2級合格、小5・小6でそれぞれ英検1級に合格する。その後、英語を生かした環境で勉強したいと考え、帰国生受験（英語での受験）を決意。帰国生ではないながらも中高一貫の名門校に2人とも合格する。英語に関する資格取得や入賞回数はそれぞれ多数。

小学校は公立小！　帰国子女じゃないけど
双子小学生　英検1級とれちゃいました

2024年3月10日　初版第1刷発行

著　者 —— トワエモア　　Ⓒ2024 Towaemoa
発行者 —— 張　士洛
発行所 —— 日本能率協会マネジメントセンター
〒103-6009 東京都中央区日本橋2-7-1　東京日本橋タワー
TEL 03（6362）4339（編集）／03（6362）4558（販売）
FAX 03（3272）8127（編集・販売）
https://www.jmam.co.jp/

装丁・本文デザイン —— 喜來詩織（エントツ）
イ ラ ス ト —— ナカニシ ヒカル
協　　　　力 —— 根橋明美
Ｄ　Ｔ　Ｐ —— 株式会社キャップス
印　刷　所 —— シナノ書籍印刷株式会社
製　本　所 —— 株式会社三森製本所

ISBN 978-4-8005-9183-8　C0037
落丁・乱丁はおとりかえします。
PRINTED IN JAPAN